OEUVRES
COMPLETES
D'HELVÉTIUS.

TOME SECOND.

A PARIS,

DE L'IMPRIMERIE DE P. DIDOT L'AÎNÉ,

L'AN IIIe DE LA RÉPUBLIQUE.

1795.

OEUVRES
COMPLETES
D'HELVÉTIUS.

TOME SECOND.

DE L'ESPRIT.

DISCOURS II.

De l'Esprit par rapport à la Société.

CHAPITRE I.

La *science* n'est que le souvenir ou des faits ou des idées d'autrui : l'*esprit*, distingué de la *science*, est donc un assemblage d'idées neuves quelconques.

Cette définition de l'esprit est juste, elle est même très instructive pour un philosophe; mais elle ne peut être généralement adoptée : il faut au public une définition qui le mette à portée de comparer les différents esprits entre eux, et de juger de leur force et de leur étendue. Or, si l'on admettoit la définition que je viens de donner, comment le public mesureroit-il l'étendue d'esprit d'un homme ? qui donneroit au public une liste exacte des idées de cet homme ? et comment distinguer en lui la science et l'esprit ?

Supposons que je prétende à la découverte d'une idée déja connue : il faudroit que le public, pour savoir si je mérite réellement à cet égard le titre de second inventeur, sût préliminairement ce que j'ai lu, vu et entendu ; connoissance qu'il ne veut ni ne peut acquérir. D'ailleurs, dans l'hypothese impossible que le public pût avoir un dénombrement exact et de la quantité et de l'espece des idées d'un homme, je dis qu'en conséquence de ce dénombrement le public seroit souvent forcé de placer au rang des génies des hommes auxquels il ne soupçonne pas même qu'on puisse accorder le titre d'hommes d'esprit; tels sont, en général, tous les artistes.

Quelque frivole que paroisse un art, cet art cependant est susceptible de combinaisons infinies. Lorsque Marcel, la main appuyée sur le front, l'œil fixe, le corps immobile, et dans l'attitude d'une méditation profonde, s'écrie tout-à-coup, en voyant danser son écoliere : « Que de choses dans « un menuet »! il est certain que ce danseur appercevoit alors, dans la maniere de plier, de relever et d'emboîter ses pas, des adresses invisibles aux yeux ordinaires (1), et que son

---

(1) A la démarche, à l'habitude du corps, ce danseur prétend connoître la

exclamation n'est ridicule que par la trop grande importance mise à de petites choses. Or, si l'art de la danse renferme un très grand nombre d'idées et de combinaisons, qui sait si l'art de la déclamation ne suppose point dans l'actrice qui y excelle autant d'idées qu'en emploie un politique pour former un système de gouvernement? Qui peut assurer, lorsque l'on consulte nos

caractere d'un homme. Un étranger se présente un jour dans sa salle: « De quel
« pays êtes-vous ? lui demande Marcel.
« — Je suis Anglais. — Vous, Anglais !
« lui réplique Marcel ; vous seriez de
« cette île où les citoyens ont part à l'ad-
« ministration publique, et sont une por-
« tion de la puissance souveraine ! Non,
« monsieur ; ce front baissé, ce regard
« timide, cette démarche incertaine, ne
« m'annoncent que l'esclave titré d'un
« électeur. »

bons romans, que, dans les gestes, la parure et les discours étudiés d'une coquette parfaite, il n'entre pas autant de combinaisons et d'idées qu'en exige la découverte de quelque système du monde, et qu'en des genres très différents la Lecouvreur et Ninon de l'Enclos n'aient eu autant d'esprit qu'Aristote et Solon ?

Je ne prétends pas démontrer à la rigueur la vérité de cette proposition, mais faire seulement sentir que, toute ridicule qu'elle paroisse, il n'est cependant personne qui puisse la résoudre exactement.

Trop souvent dupes de notre ignorance, nous prenons pour les limites d'un art celles que cette même ignorance lui donne. Mais supposons qu'on pût à cet égard détromper le public, je dis qu'en l'éclairant on ne changeroit rien à sa maniere de juger.

il ne mesurera jamais son estime pour un art uniquement sur le nombre plus ou moins grand de combinaisons nécessaires pour y réussir; 1° parceque le dénombrement en est impossible à faire; 2° parcequ'il ne doit considérer l'esprit que du point de vue sous lequel il est important de le connoître, c'est-à-dire par rapport à la société. Or, sous cet aspect, je dis que l'esprit n'est qu'un assemblage plus ou moins nombreux, non seulement d'idées neuves, mais encore d'idées intéressantes pour le public; et que c'est moins au nombre et à la finesse qu'au choix heureux de nos idées qu'on a attaché la réputation d'homme d'esprit.

En effet, si les combinaisons du jeu des échecs sont infinies, si l'on n'y peut exceller sans en faire un grand nombre, pourquoi le public ne donne-t-il pas aux grands joueurs d'échecs le titre de grands esprits? C'est que leurs idées ne lui sont utiles ni comme agréables ni comme instructives, et qu'il n'a par conséquent nul intérêt de les estimer : or l'intérêt (1) préside à tous nos jugements. Si le public a toujours fait peu de cas de ces erreurs dont l'invention suppose quelquefois plus de combinaisons et d'esprit que la découverte d'une vérité, et s'il estime plus Locke que Malebranche, c'est qu'il mesure toujours son estime sur son intérêt. A quelle autre balance

(1) Le vulgaire restreint communément la signification de ce mot *intérêt* au seul amour de l'argent : le lecteur éclairé sentira que je prends ce mot dans un sens plus étendu, et que je l'applique généralement à tout ce qui peut nous procurer des plaisirs, ou nous soustraire à des peines.

peseroit-il le mérite des idées des hommes? Chaque particulier juge des choses et des personnes par l'impression agréable ou désagréable qu'il en reçoit; le public n'est que l'assemblage de tous les particuliers: il ne peut donc jamais prendre que son utilité pour regle de ses jugements.

Ce point de vue sous lequel j'examine l'esprit est, je crois, le seul sous lequel il doive être considéré. C'est l'unique maniere d'apprécier le mérite de chaque idée, de fixer sur ce point l'incertitude de nos jugements, et de découvrir enfin la cause de l'étonnante diversité des opinions des hommes en matiere d'esprit; diversité absolument dépendante de la différence de leurs passions, de leurs idées, de leurs préjugés, de leurs sentiments, et par conséquent de leurs intérêts.

Il seroit en effet bien singulier que

l'intérêt général (1) eût mis le prix aux différentes actions des hommes ; qu'il leur eût donné les noms de vertueuses, de vicieuses, ou de permises, selon qu'elles étoient utiles, nuisibles, ou indifférentes au public, et que ce même intérêt n'eût pas été l'unique dispensateur de l'estime ou du mépris attaché aux idées des hommes.

On peut ranger les idées, ainsi que les actions, sous trois classes différentes.

Les idées utiles; et, prenant cette expression dans le sens le plus étendu, j'entends par ce mot toute idée propre à nous instruire ou à nous amuser.

Les idées nuisibles ; ce sont celles qui font sur nous une impression contraire.

Les idées indifférentes ; je veux dire

(1) On sent que je parle ici en qualité de politique, et non de théologien.

toutes celles qui, peu agréables en elles-mêmes, ou devenues trop familieres, ne font presque aucune impression sur nous. Or de pareilles idées n'ont presque point d'existence, et ne peuvent, pour ainsi dire, porter qu'un instant le nom d'indifférentes ; leur durée ou leur succession, qui les rend ennuyeuses, les fait bientôt rentrer dans la classe des idées nuisibles.

Pour faire sentir combien cette maniere de considérer l'esprit est féconde en vérités, je ferai successivement l'application des principes que j'établis aux actions et aux idées des hommes, et je prouverai qu'en tout temps, en tout lieu, tant en matiere de morale qu'en matiere d'esprit, c'est l'intérêt personnel qui dicte le jugement des particuliers, et l'intérêt général qui dicte celui des nations ; qu'ainsi c'est toujours, de la part du public comme des particuliers, l'amour ou la reconnoissance qui loue, la haine ou la vengeance qui méprise.

Pour démontrer cette vérité, et faire appercevoir l'exacte et perpétuelle ressemblance de nos manieres de juger, soit les actions, soit les idées des hommes, je considérerai la probité et l'esprit à différents égards, et relativement 1° à un particulier, 2° à une petite société, 3° à une nation, 4° aux différents siécles et aux différents pays, 5° à l'univers entier; et, prenant toujours l'expérience pour guide dans mes recherches, je montrerai que, sous chacun de ces points de vue, l'intérêt est l'unique juge de la probité et de l'esprit.

CHAPITRE II.

De la Probité par rapport à un Particulier.

Ce n'est point de la vraie probité, c'est-à-dire de la probité par rapport au public, dont il s'agit dans ce chapitre, mais simplement de la probité considérée relativement à chaque particulier.

Sous ce point de vue, je dis que chaque particulier n'appelle *probité* dans autrui que l'habitude des actions qui lui sont utiles : je dis l'habitude, parceque ce n'est point une seule action honnête, non plus qu'une seule idée ingénieuse, qui nous obtiennent le titre de vertueux ou de spirituel. On sait qu'il n'est point d'avare qui ne se soit une fois montré généreux, de libéral qui n'ait été une fois avare, de frippon qui n'ait fait une bonne action, de stupide qui n'ait dit un bon mot, et d'homme enfin qui, si l'on rapproche certaines actions de sa vie, ne paroisse doué de toutes les vertus et de tous les vices contraires. Plus de conséquence dans la conduite des hommes supposeroit en eux une continuité d'attention dont ils sont incapables; ils ne diffèrent les uns des autres que du plus au moins. L'homme absolument conséquent n'existe point encore; et c'est pourquoi rien de parfait sur la terre, ni dans le vice, ni dans la vertu.

C'est donc à l'habitude des actions qui lui sont utiles qu'un particulier donne le nom de probité; je dis des actions, parcequ'on n'est point juge des intentions. Comment le seroit-on? Une action n'est presque jamais l'effet d'un sentiment ; nous ignorons souvent nous-mêmes les motifs qui nous déterminent. Un homme opulent enrichit un homme estimable et pauvre : il fait sans doute une bonne action ; mais cette action est-elle uniquement l'effet du desir de faire un heureux ? La pitié, l'espoir de la reconnoissance, la vanité même, tous ces divers motifs, séparés ou réunis, ne peuvent-ils pas à son insu l'avoir déterminé à cette action louable? Or, si le plus souvent on ignore soi-même les motifs de son bienfait, comment le public les appercevroit-il? Ce n'est donc que par les actions des hommes que le public peut juger de leur probité.

Je conviens que cette maniere de juger est encore fautive. Un homme a, par exemple, vingt degrés de passion pour la vertu, mais il aime; il a trente degrés d'amour pour une femme, et cette femme en veut faire un assassin : dans cette hypothese, il est certain que cet homme est plus près du forfait que celui qui, n'ayant que dix degrés de passion pour la vertu, n'aura que cinq degrés d'amour pour cette méchante femme; d'où je conclus que, de deux hommes, le plus honnête dans ses actions est quelquefois le moins passionné pour la vertu.

Aussi tout philosophe convient que la vertu des hommes dépend infiniment des circonstances dans lesquelles ils se trouvent placés. On n'a que trop souvent vu des hommes vertueux céder à un enchaînement malheureux d'évènements bizarres. Celui qui, dans toutes les situations possibles, répond de sa vertu, est un imposteur ou un imbécille dont il faut également se défier.

Après avoir déterminé l'idée que j'attache à ce mot de *probité* considérée par rapport à chaque particulier; il faut, pour s'assurer de la justesse de cette définition, avoir recours à l'observation; elle nous apprend qu'il est des hommes auxquels un heureux naturel, un desir vif de la gloire et de l'estime, inspirent pour la justice et la vertu le même amour que les hommes ont communément pour les grandeurs et les richesses. Les actions personnellement utiles à ces hommes vertueux sont les actions justes, conformes à l'intérêt général, ou qui du moins ne lui sont pas contraires.

Ces hommes sont en si petit nombre, que je n'en fais ici mention que pour l'honneur de l'humanité. La classe la plus nombreuse, et qui compose à elle seule presque tout le genre humain, est celle où les hommes, uniquement attentifs à leurs intérêts, n'ont jamais porté leurs regards sur l'intérêt général. Concentrés, pour ainsi dire, dans leur bien-être (1), ces hommes ne donnent le nom d'*honnêtes* qu'aux actions qui leur sont per-

(1) Notre haine ou notre amour est un effet du bien ou du mal qu'on nous fait. « Il n'est, dit Hobbes, dans l'état des sau- « vages, d'homme méchant que l'homme « robuste ; et, dans l'état policé, que « l'homme en crédit ». Le puissant, pris en ces deux sens, n'est cependant pas plus méchant que le foible : Hobbes le sentoit ; mais il savoit aussi qu'on ne donne le nom de méchant qu'à ceux dont la méchanceté est à redouter. On rit de la colere et des coups d'un enfant, il n'en paroît souvent que plus joli : mais on s'irrite contre l'homme fort ; ses coups blessent ; on le traite de brutal.

sonnellement utiles. Un juge absout un coupable, un ministre éleve aux honneurs un sujet indigne; l'un et l'autre sont toujours justes au dire de leurs protégés : mais, que le juge punisse, que le ministre refuse, ils seront toujours injustes aux yeux du criminel et du disgracié.

Si les moines, chargés sous la premiere race d'écrire la vie de nos rois, ne donnerent que la vie de leurs bienfaiteurs; s'ils ne désignerent les autres regnes que par ces mots, NIHIL FECIT; et s'ils ont donné le nom de *rois fainéants* à des princes très estimables; c'est qu'un moine est un homme, et que tout homme ne prend dans ses jugements conseil que de son intérêt.

Les chrétiens, qui donnoient avec justice le nom de barbarie et de crime aux cruautés qu'exerçoient sur eux les païens, ne donnerent-ils pas le nom de zele aux cruautés qu'ils exercerent à leur tour sur ces mêmes païens ? Qu'on examine les hommes, on verra qu'il n'est point de crime qui ne soit mis au rang des actions honnêtes par les sociétés auxquelles ce crime est utile, ni d'action utile au public qui ne soit blâmée de quelque société particuliere à qui cette même action est nuisible.

Quel homme en effet, s'il sacrifie l'orgueil de se dire plus vertueux que les autres à l'orgueil d'être plus vrai, et s'il sonde avec une attention scrupuleuse tous les replis de son ame, ne s'appercevra pas que c'est uniquement à la maniere différente dont l'intérêt personnel se modifie qu'on doit ses vices et ses vertus (1); que tous les

(1) L'homme humain est celui pour qui la vue du malheur d'autrui est une vue insupportable, et qui, pour s'arracher à

hommes sont mus par la même force ; ce spectacle, est, pour ainsi dire, forcé de secourir le malheureux. L'homme inhumain, au contraire, est celui pour qui le spectacle de la misere d'autrui est un spectacle agréable : c'est pour prolonger ses plaisirs qu'il refuse tout secours aux malheureux. Or ces deux hommes si différents tendent cependant tous deux à leur plaisir, et sont mus par le même ressort. Mais, dira-t-on, si l'on fait tout pour soi, l'on ne doit donc point de reconnoissance à ses bienfaiteurs ? Du moins, répondrai-je, le bienfaiteur n'est-il pas en droit d'en exiger ; autrement ce seroit un contrat et non un don qu'il auroit fait. « Les Germains, dit Tacite, font et re- « çoivent des présents, et n'exigent ni ne « donnent aucune marque de reconnois- « sance ». C'est en faveur des malheureux, et pour multiplier le nombre des bienfaiteurs, que le public impose, avec raison, aux obligés le devoir de la reconnoissance.

que tous tendent également à leur bonheur ; que c'est la diversité des passions et des goûts, dont les uns sont conformes et les autres contraires à l'intérêt public, qui décide de nos vertus et de nos vices ? Sans mépriser le vicieux, il faut le plaindre, se féliciter d'un naturel heureux, remercier le ciel de ne nous avoir donné aucun de ces goûts et de ces passions qui nous eussent forcés de chercher notre bonheur dans l'infortune d'autrui : car enfin on obéit toujours à son intérêt ; et de là l'injustice de tous nos jugements, et ces noms de juste et d'injuste prodigués à la même action, relativement à l'avantage ou au désavantage que chacun en reçoit.

Si l'univers physique est soumis aux lois du mouvement, l'univers moral ne l'est pas moins à celles de l'intérêt. L'intérêt est sur la terre le puissant enchanteur qui change aux yeux de toutes les créatures la forme de tous les objets. Ce mouton paisible qui pâture dans nos plaines n'est-il pas un objet d'épouvante et d'horreur pour ces insectes imperceptibles qui vivent dans l'épaisseur de la pampe des herbes? « Fuyons, disent-ils, cet animal « vorace et cruel, ce monstre dont la « gueule engloutit à-la-fois et nous et « nos cités. Que ne prend-il exemple « sur le lion et le tigre ? Ces animaux « bienfaisants ne détruisent point nos « habitations, ils ne se repaissent « point de notre sang; justes vengeurs « du crime, ils punissent sur le mou- « ton les cruautés que le mouton « exerce sur nous ». C'est ainsi que des intérêts différents métamorphosent les objets : le lion est à nos yeux l'animal cruel; à ceux de l'insecte c'est le mouton. Aussi peut-on appliquer à

l'univers moral ce que Leibnitz disoit de l'univers physique : « Que ce mon-
« de, toujours en mouvement, offroit
« à chaque instant un phénomene
« nouveau et différent à chacun de
« ses habitants. »

Ce principe est si conforme à l'expérience, que, sans entrer dans un plus long examen, je me crois en droit de conclure que l'intérêt personnel est l'unique et universel appréciateur du mérite des actions des hommes; et qu'ainsi la probité, par rapport à un particulier, n'est, conformément à ma définition, que l'habitude des actions personnellement utiles à ce particulier.

CHAPITRE III.

De l'Esprit par rapport à un Particulier.

Transportons maintenant aux idées les principes que je viens d'appliquer aux actions; l'on sera contraint d'avouer que chaque particulier ne donne le nom d'esprit qu'à l'habitude des idées qui lui sont utiles, soit comme instructives, soit comme agréables; et qu'à ce nouvel égard l'intérêt personnel est encore le seul juge du mérite des hommes.

Toute idée qu'on nous présente a toujours quelques rapports avec notre état, nos passions, ou nos opinions. Or, dans tous ces différents cas, nous prisons d'autant plus une idée que cette idée nous est plus utile. Le pilote, le médecin et l'ingénieur, auront plus d'estime pour le constructeur de vaisseau, le botaniste et le mécanicien, que n'en auront pour ces mêmes hommes le libraire, l'orfevre et le maçon, qui leur préféreront toujours le romancier, le dessinateur et l'architecte.

Lorsqu'il s'agira d'idées propres à combattre ou à favoriser nos passions ou nos goûts, les plus estimables à nos yeux seront sans contredit les idées qui flatteront le plus ces mêmes passions ou ces mêmes goûts (1). Une femme

(1) Pour se moquer d'une grande parleuse, femme d'esprit d'ailleurs, on s'avisa de lui présenter un homme qu'on lui dit être un homme de beaucoup d'esprit. Cette femme le reçoit à merveille; mais, pressée de s'en faire admirer, elle se met

tendre fera plus de cas d'un roman que d'un livre de métaphysique ; un homme tel que Charles XII préférera l'histoire d'Alexandre à tout autre ouvrage ; l'avare ne trouvera certainement d'esprit qu'à ceux qui lui indiqueront le moyen de placer son argent au plus gros intérêt.

En fait d'opinions comme en fait de passions, pour estimer les idées d'autrui il faut être intéressé à les estimer ; sur quoi j'observerai qu'à ce dernier égard les hommes peuvent être mus par deux sortes d'intérêt.

à parler, lui fait cent questions différentes, sans s'appercevoir qu'il ne répondoit rien. La visite faite, « Étes-vous, lui dit-on, « contente de votre présenté ? — Qu'il « est charmant ! répondit-elle : qu'il a « d'esprit » ! A cette exclamation chacun de rire : ce grand esprit, c'étoit un muet.

Il est des hommes animés d'un orgueil noble et éclairé, qui, amis du vrai, attachés à leur sentiment sans opiniâtreté, conservent leur esprit dans cet état de suspension qui y laisse une entrée libre aux vérités nouvelles : de ce nombre sont quelques esprits philosophiques, et quelques gens trop jeunes pour s'être formé des opinions et rougir d'en changer ; ces deux sortes d'hommes estimeront toujours dans les autres des idées vraies, lumineuses, et propres à satisfaire la passion qu'un orgueil éclairé leur donne pour le vrai.

Il est d'autres hommes, et dans ce nombre je les comprends presque tous, qui sont animés d'une vanité moins noble ; ceux-là ne peuvent estimer dans les autres que des idées conformes aux leurs (1), et propres à justifier la

(1) Tous ceux dont l'esprit est borné

haute opinion qu'ils ont tous de la justesse de leur esprit. C'est sur cette analogie d'idées que sont fondés leur haine ou leur amour. De là cet instinct sûr et prompt qu'ont presque tous les gens médiocres pour connoître et fuir

décrient sans cesse ceux qui joignent la solidité à l'étendue d'esprit ; ils les accusent de trop raffiner, et de penser en tout d'une maniere trop abstraite. « Nous n'ac-
« corderons jamais, dit M. Hume, qu'une
« chose est juste, lorsqu'elle passe notre
« foible conception. La différence, ajoute
« cet illustre philosophe, de l'homme
« commun à l'homme de génie se re-
« marque principalement dans le plus ou
« le moins de profondeur des principes
« sur lesquels ils fondent leurs idées.
« Avec la plupart des hommes tout juge-
« ment est particulier ; ils ne portent
« point leurs vues jusques aux proposi-
« tions universelles ; toute idée générale
« est obscure pour eux. »

les gens de mérite (1) : de là cet attrait puissant que les gens d'esprit ont les uns pour les autres ; attrait qui les force, pour ainsi dire, à se rechercher, malgré le danger que met souvent dans leur commerce le desir commun qu'ils ont de la gloire : de là cette maniere sûre de juger du caractere et de l'esprit d'un homme par le choix de ses livres et de ses amis. Un sot, en effet, n'a jamais que de sots amis. Toute liaison d'amitié, lorsqu'elle n'est pas fondée sur un intérêt de bienséance, d'amour, de protection, d'avarice, d'ambition, ou sur quelque autre motif pareil, suppose toujours quelque ressem-

(1) Les sots, s'ils en avoient la puissance, banniroient volontiers les gens d'esprit de leur société, et répéteroient, d'après les Ephésiens : « Si quelqu'un ex-
« celle parmi nous, qu'il aille exceller
« ailleurs. »

blance d'idées ou de sentiments entre deux hommes. Voilà ce qui rapproche des gens d'une condition très différente (1) ; voilà pourquoi les Auguste, les Mécene, les Scipion, les Julien, les Richelieu, et les Condé, vivoient familièrement avec les gens d'esprit, et ce qui a donné lieu au proverbe, dont la trivialité atteste la vérité : « Dis-« moi qui tu hantes, je te dirai qui « tu es. »

L'analogie ou la conformité des idées et des opinions doit donc être considérée comme la force attractive et répulsive qui éloigne ou rapproche les hommes les uns des autres (2).

(1) A la cour, les grands font d'autant plus d'accueil à l'homme d'esprit, qu'ils en ont eux-mêmes davantage.

(2) Il est peu d'hommes, s'ils en avoient le pouvoir, qui n'employassent les tourments pour faire généralement adopter

Qu'on transporte à Constantinople un philosophe qui, n'étant point éclairé par les lumieres de la révélation, ne peut suivre que les lumieres de la raison ; que ce philosophe nie la mission

leurs opinions. N'avons-nous pas vu de nos jours des gens assez fous, et d'un orgueil assez intolérable, pour vouloir exciter le magistrat à sévir contre l'écrivain qui, donnant à la musique italienne la préférence sur la musique française, étoit d'un avis différent du leur ? Si l'on ne se porte ordinairement à certains excès que dans les disputes de religion, c'est que les autres disputes ne fournissent pas les mêmes prétextes ni les mêmes moyens d'être cruels. Ce n'est qu'à l'impuissance qu'on est, en général, redevable de sa modération. L'homme humain et modéré est un homme très rare. S'il rencontre un homme d'une religion différente de la sienne, c'est, dit-il, un homme qui sur ces matieres a d'autres opinions que moi ;

de Mahomet, les visions et les prétendus miracles de ce prophete : qui doute que ceux qu'on appelle les bons musulmans n'aient de l'éloignement pour ce philosophe, ne le regardent

pourquoi le persécuterois-je ? L'évangile n'a nulle part ordonné qu'on employât les tortures et les prisons à la conversion des hommes. La vraie religion n'a jamais dressé d'échafauds ; ce sont quelquefois ses ministres qui, pour venger leur orgueil blessé par des opinions différentes des leurs, ont armé en leur faveur la stupide crédulité des peuples et des princes. Peu d'hommes ont mérité l'éloge que les prêtres égyptiens font de la reine Nephté, dans Séthos : « Loin d'exciter l'animosité,
« la vexation, la persécution, par les con-
« seils d'une piété mal entendue, elle n'a,
« disent-ils, tiré de la religion que des
« maximes de douceur ; elle n'a jamais
« cru qu'il fût permis de tourmenter les
« hommes pour honorer les dieux. »

avec horreur, et ne le traitent de fou, d'impie, et quelquefois même de malhonnête homme? En vain diroit-il que, dans une pareille religion, il est absurde de croire aux miracles dont on n'est pas soi-même le témoin; et que, s'il y a toujours plus à parier pour un mensonge que pour un miracle (1), les croire trop facilement c'est moins croire en Dieu qu'aux imposteurs : en vain représenteroit-il que, si Dieu eût voulu annoncer la

(1) Comment, dans une telle religion, le témoin d'un miracle ne seroit-il pas suspect? « Il faut, dit M. de Fontenelle, « être si fort en garde contre soi-même « pour raconter un fait précisément com- « me on l'a vu, c'est-à-dire sans y rien « ajouter ou diminuer, que tout homme « qui prétend qu'à cet égard il ne s'est « jamais surpris en mensonge est, à coup « sûr, un menteur. »

mission de Mahomet, il n'eût point fait de ces prodiges ridicules aux yeux de la raison la moins exercée ; il eût fait des miracles visibles à tous les yeux, comme de détacher à la voix du prophete les astres du firmament, de bouleverser les éléments, etc. Quelque raison que ce philosophe apportât de son incrédulité, il n'obtiendroit jamais la réputation de sage et d'honnête auprès de ces bons musulmans qu'en devenant assez imbécille pour croire des choses absurdes, ou assez faux pour feindre de les croire. Tant il est vrai que les hommes ne jugent les opinions des autres que par la conformité qu'elles ont avec les leurs. Aussi ne persuade-t-on jamais les sots qu'avec des sottises.

Si le sauvage du Canada nous préfere aux autres peuples de l'Europe, c'est que nous nous prêtons davantage à ses mœurs, à son genre de vie ; c'est à cette complaisance que nous devons l'éloge magnifique qu'il croit faire d'un Français, lorsqu'il dit : « C'est un homme comme moi. »

En fait de mœurs, d'opinions et d'idées, il paroît donc que c'est toujours soi qu'on estime dans les autres ; et c'est la raison pour laquelle les César, les Alexandre, et généralement tous les grands hommes, ont toujours eu d'autres grands hommes sous leurs ordres. Un prince est habile, il prend en main le sceptre ; à peine est-il monté sur le trône que toutes les places se trouvent remplies par des hommes supérieurs : le prince ne les a point formés, il semble même les avoir pris au hasard ; mais, forcé de n'estimer et de n'élever aux premiers postes que des hommes dont l'esprit soit analogue au sien, il est par cette raison toujours nécessité aux bons choix. Un prince, au contraire, est peu éclairé : contraint par cette même raison d'attirer près de lui des gens qui lui ressemblent, il est presque toujours nécessité aux mauvais choix. C'est la suite de semblables princes qui souvent a fait substituer les plus grandes places de sots en sots durant plusieurs siecles. Aussi les peuples, qui ne peuvent connoître personnellement leur maître, ne le jugent-ils que sur le talent des hommes qu'il emploie, et sur l'estime qu'il a pour les gens de mérite. « Sous un mo-« narque stupide, disoit la reine Chris-« tine, toute sa cour ou l'est, ou le « devient. »

Mais, dira-t-on, l'on voit quelquefois des hommes admirer dans les autres des idées qu'ils n'auroient jamais produites, et qui même n'ont nulle analogie avec les leurs. On sait ce mot d'un cardinal. Après la nomination du pape, ce cardinal s'approche du saint pere, et lui dit : « Vous voilà élu « pape; voici la derniere fois que vous « entendrez la vérité. Séduit par les « respects, vous allez bientôt vous « croire un grand homme. Souvenez-« vous qu'avant votre exaltation vous « n'étiez qu'un ignorant et un opi-« niâtre. Adieu; je vais vous adorer ». Peu de courtisans, sans doute, sont doués de l'esprit et du courage nécessaires pour tenir un pareil discours; mais la plupart d'entre eux, semblables à ces peuples qui tour-à-tour adorent et fouettent leur idole, sont en secret charmés de voir humilier le maître auquel ils sont soumis. La vengeance leur inspire l'éloge qu'ils font de pareils traits, et la vengeance est un intérêt. Qui n'est point animé d'un intérêt de cette espece n'estime et même ne sent que les idées analogues aux siennes. Aussi la baguette propre à découvrir un mérite naissant et inconnu ne tourne-t-elle et ne doit-elle réellement tourner qu'entre les mains des gens d'esprit, parcequ'il n'y a que le lapidaire qui se connoisse en diamants bruts, et que l'esprit qui sente l'esprit. Ce n'étoit que l'œil d'un Turenne qui, dans le jeune Curchill, pouvoit appercevoir le fameux Marlborough.

Toute idée trop étrangere à notre maniere de voir et de sentir nous semble toujours ridicule. Le même projet, qui, vaste et grand, paroîtra cependant d'une exécution facile au grand ministre, sera traité par un ministre ordinaire de fou, d'insensé; et ce projet, pour me servir de la phrase usitée parmi les sots, sera renvoyé *à la République de Platon*. Voilà la raison pour laquelle, en certains pays où les esprits, énervés par la superstition, sont paresseux et peu capables des grandes entreprises, on croit couvrir un homme du plus grand ridicule lorsqu'on dit de lui, *C'est un homme qui veut réformer l'état;* ridicule que la pauvreté, le dépeuplement de ces pays, et par conséquent la nécessité d'une réforme, fait, aux yeux des étrangers, retomber sur les moqueurs. Il en est de ces peuples comme de ces plaisants subalternes (1) qui croient

(1) Les bourgeois opulents ajoutent, en dérision, qu'on voit souvent l'homme d'esprit à la porte du riche, et jamais le riche à la porte de l'homme d'esprit : « C'est, répond le poëte Saadi, parceque « l'homme d'esprit sait le prix des ri- « chesses, et que le riche ignore le prix « des lumieres ». D'ailleurs comment la

déshonorer un homme lorsqu'ils disent de lui d'un ton sottement malin, *C'est un Romain, c'est un esprit;* raillerie qui, rappelée à son sens précis, apprend seulement que cet homme ne leur ressemble point, c'est-à-dire qu'il n'est ni sot ni frippon. Combien un esprit attentif n'entend-il pas dans les conversations de ces aveux imbécilles et de ces phrases absurdes qui, réduites à leur signification exacte, étonneroient fort ceux qui les emploient! Aussi l'homme de mérite doit-il être indifférent à l'estime comme au mépris d'un particulier dont l'éloge ou la critique ne signifie rien, sinon que cet homme pense ou ne pense pas

richesse estimeroit-elle la science? Le savant peut apprécier l'ignorant, parcequ'il l'a été dans son enfance; mais l'ignorant ne peut apprécier le savant, parcequ'il ne l'a jamais été.

comme lui. Je pourrois encore par une infinité d'autres faits prouver que nous n'estimons jamais que les idées analogues aux nôtres; mais, pour constater cette vérité, il faut l'appuyer sur des preuves de pur raisonnement.

CHAPITRE IV.

De la nécessité où nous sommes de n'estimer que nous dans les autres.

Deux causes également puissantes nous y déterminent: l'une est la vanité, et l'autre est la paresse. Je dis la vanité, parceque le desir de l'estime est commun à tous les hommes: non que quelques uns d'entre eux ne veuillent joindre au plaisir d'être admirés le mérite de mépriser l'admiration; mais ce mépris n'est pas vrai, et jamais l'admirateur n'est stupide aux yeux de l'admiré. Or, si tous les hommes sont avides d'estime, chacun d'eux, instruit par l'expérience que ces idées ne paroîtront estimables ou méprisables aux autres qu'autant qu'elles seront conformes ou contraires à leurs opinions, il s'ensuit qu'inspiré par sa vanité, chacun ne peut s'empêcher d'estimer dans les autres une conformité d'idées qui l'assure de leur estime, et de haïr en eux une opposition d'idées, garant sûr de leur haine, ou du moins de leur mépris, qu'on doit regarder comme un calmant de la haine.

Mais, dans la supposition même qu'un homme fît à l'amour de la vérité le sacrifice de sa vanité, si cet homme n'est point animé du desir le plus vif de s'instruire, je dis que sa paresse ne lui permet d'avoir pour des opinions étrangeres aux siennes qu'une estime sur parole. Pour expliquer ce que j'entends par *estime sur parole* je distinguerai deux sortes d'estime.

L'une, qu'on peut regarder comme l'effet ou du respect qu'on a pour l'opinion publique (1), ou de la confiance

(1) M. de la Fontaine n'avoit que de cette espece d'estime pour la philosophie de Platon. M. de Fontenelle rapporte à ce sujet qu'un jour la Fontaine lui dit : « Avouez que ce Platon étoit un grand « philosophe...... — Mais lui trouvez- « vous des idées bien nettes ? lui répondit « Fontenelle. — Oh ! non ; il est d'une « obscurité impénétrable.... — Ne trou- « vez-vous pas qu'il se contredit ? — Oh ! « vraiment, reprit la Fontaine, ce n'est « qu'un sophiste ». Puis, tout-à-coup, oubliant les aveux qu'il venoit de faire : « Platon, reprit-il, place si bien ses per- « sonnages ! Socrate étoit sur le Pirée,

qu'on a dans le jugement de certaines personnes, et que je nomme *estime sur parole.* Telle est celle que certaines gens conçoivent pour des romans très médiocres, uniquement parcequ'ils les croient de quelques uns de nos écrivains célebres : telle est encore l'admiration qu'on a pour les Descartes et les Newton; admiration qui, dans la plupart des hommes, est d'autant plus enthousiaste qu'elle est moins éclairée; soit qu'après s'être formé une idée vague du mérite de ces grands génies, leurs admirateurs respectent en cette idée l'ouvrage de leur imagination; soit qu'en s'établissant juges du mérite d'un homme tel que Newton, ils croient s'associer aux éloges

« lorsqu'Alcibiade, la tête couronnée de
« fleurs.... Oh! ce Platon étoit un grand
« philosophe. »

qu'ils lui prodiguent. Cette sorte d'estime, dont notre ignorance nous force à faire souvent usage, est par-là même la plus commune. Rien de si rare que de juger d'après soi.

L'autre espece d'estime est celle qui, indépendante de l'opinion d'autrui, naît uniquement de l'impression que font sur nous certaines idées, et que par cette raison j'appelle *estime sentie*, la seule véritable, et celle dont il s'agit ici. Or, pour prouver que la paresse ne nous permet d'accorder cette sorte d'estime qu'aux idées analogues aux nôtres, il suffit de remarquer que c'est, comme le prouve sensiblement la géométrie, par l'analogie et les rapports secrets que les idées déja connues ont avec les idées inconnues qu'on parvient à la connoissance de ces dernieres, et que c'est en suivant la progression de ces analogies qu'on peut s'élever au dernier terme d'une science : d'où il suit que des idées qui n'auroient nulle analogie avec les nôtres seroient pour nous des idées inintelligibles. Mais, dira-t-on, il n'est point d'idées qui n'aient nécessairement entre elles quelque rapport sans lequel elles seroient universellement inconnues. Oui ; mais ce rapport peut être immédiat ou éloigné : lorsqu'il est immédiat, le foible desir que chacun a de s'instruire le rend capable de l'attention que suppose l'intelligence de pareilles idées ; mais, s'il est éloigné, comme il l'est presque toujours lorsqu'il s'agit de ces opinions qui sont le résultat d'un grand nombre d'idées et de sentiments différents, il est évident qu'à moins qu'on ne soit animé d'un desir vif de s'instruire, et qu'on ne se trouve dans une situation propre à satisfaire ce desir, la paresse ne nous permettra jamais de concevoir, ni par conséquent d'avoir d'*estime sentie* pour des opinions trop contraires aux nôtres.

Un jeune homme qui s'agite en tous sens pour s'élever à la gloire est saisi d'enthousiasme au bruit du nom des gens célebres en tout genre. A-t-il une fois fixé l'objet de ses études et de son ambition, il n'a plus d'estime sentie que pour ses modeles, et n'accorde qu'une estime sur parole à ceux qui suivent une carriere différente de la sienne. L'esprit est une corde qui ne frémit qu'à l'unisson.

Peu d'hommes ont le loisir de s'instruire. Le pauvre, par exemple, ne peut ni réfléchir ni examiner ; il ne reçoit la vérité, comme l'erreur, que par préjugé : occupé d'un travail journalier, il ne peut s'élever à une certaine sphere d'idées ; aussi préfere-t-il la bibliotheque bleue aux écrits de S.-Réal, de la Rochefoucauld, et du cardinal de Retz.

Aussi, dans ces jours de réjouissances publiques où le spectacle s'ouvre *gratis*, les comédiens, ayant alors d'autres spectateurs à amuser, donneront plutôt *Dom Japhet* et *Pourceaugnac*, qu'*Héraclius* et *le Misanthrope*. Ce que je dis du peuple peut s'appliquer à toutes les différentes classes d'hommes. Les gens du monde sont distraits par mille affaires et mille plaisirs; les ouvrages philosophiques ont aussi peu d'analogie avec leur esprit, que *le Misanthrope* avec l'esprit du peuple: aussi préféreront-ils en général la lecture d'un roman à celle de Locke. C'est par ce même principe des analogies qu'on explique comment les savants, et même les gens d'esprit, ont donné à des auteurs moins estimés la préférence sur ceux qui le sont davantage. Pourquoi Malherbe préféroit-il Stace à tout autre poëte ? Pourquoi Heinsius (1) et Corneille faisoient-ils plus de cas de Lucain que de Virgile ? Par quelle raison Adrien préféroit-il l'éloquence de Caton à celle de Cicéron ? Pourquoi Scaliger (2) regardoit-il Homere et Horace comme fort inférieurs à Virgile et à Juvénal ? C'est que l'estime plus ou moins grande qu'on a pour un auteur dépend de l'analogie

―――――――――

(1) « Lucain, disoit Heinsius, est, à « l'égard des autres poëtes, ce qu'un « cheval superbe et hennissant fièrement « est à l'égard d'une troupe d'ânes, dont « la voix ignoble décele le goût qu'ils ont « pour la servitude. »

(2) Scaliger cite comme détestable la dix-septieme ode du quatrieme livre d'Horace, que Heinsius cite comme un chef-d'œuvre de l'antiquité.

plus ou moins grande que ses idées ont avec celles de son lecteur.

Que, dans un ouvrage manuscrit, et sur lequel on n'a aucune prévention, l'on charge séparément dix hommes d'esprit de marquer les morceaux qui les auront le plus frappés : je dis que chacun d'eux soulignera des endroits différents; et que, si l'on confronte ensuite les endroits approuvés avec l'esprit et le caractere de chaque approbateur, on sentira que chacun d'eux n'a loué que les idées analogues à sa maniere de voir et de sentir, et que l'esprit est, je le répete, une corde qui ne frémit qu'à l'unisson.

Si le savant abbé de Longuerue, comme il le disoit lui-même, n'avoit rien retenu des ouvrages de S. Augustin, sinon que le cheval de Troie étoit une machine de guerre; et si, dans le roman de Cléopatre, un avocat célebre ne voyoit rien d'intéressant que les nullités du mariage d'Élise avec Artaban ; il faut avouer que la seule différence qui se trouve à cet égard entre les savants ou les gens d'esprit, et les hommes ordinaires, c'est que les premiers ayant un plus grand nombre d'idées, leur sphere d'analogies est beaucoup plus étendue. S'agit-il d'un genre d'esprit très différent du sien ? pareil en tout aux autres hommes, l'homme d'esprit n'estime que les idées analogues aux siennes. Qu'on rassemble un Newton, un Quinault, un Machiavel ; qu'on ne les nomme point, et qu'on ne les mette point à portée de concevoir l'un pour l'autre cette espece d'estime que j'appelle *estime sur parole*, on verra qu'après avoir réciproquement, mais inutilement, essayé de se communiquer leurs idées, Newton regardera Quinault comme un rimailleur insupportable, celui-ci prendra Newton pour un faiseur d'almanachs; tous deux regarderont Machiavel comme un politique du Palais-Royal; et tous trois enfin, se traitant réciproquement d'esprits médiocres, se vengeront, par un mépris réciproque, de l'ennui mutuel qu'ils se seront procuré.

Or, si les hommes supérieurs, entièrement absorbés dans leur genre d'étude, ne peuvent avoir d'*estime sentie* pour un genre d'esprit trop différent du leur, tout auteur qui donne au public des idées nouvelles ne peut donc espérer d'estime que de deux sortes d'hommes ; ou des jeunes gens qui, n'ayant point adopté d'opinions, ont encore le desir et le loisir de s'instruire ; ou de ceux dont l'esprit, ami de la vérité et analogue à celui de l'auteur, soupçonne déja l'existence des idées qu'il lui présente. Ce nombre d'hommes est toujours très petit : voilà ce qui retarde les progrès de l'esprit humain, et pourquoi chaque vérité est toujours si lente à se dévoiler aux yeux de tous.

Il résulte de ce que je viens de dire, que la plupart des hommes, soumis à la paresse, ne conçoivent que les idées analogues aux leurs, qu'ils n'ont d'*estime sentie* que pour cette espece d'idées : et de là cette haute opinion que chacun est, pour ainsi dire, forcé d'avoir de soi-même ; opinion que les moralistes n'eussent peut-être point attribuée à l'orgueil, s'ils eussent eu une connoissance plus approfondie des principes ci-dessus établis. Ils auroient alors senti que, dans la solitude, le saint respect et l'admiration profonde dont on se sent quelquefois pénétré pour soi-même ne peut être que l'effet de la nécessité où nous sommes de nous estimer préférablement aux autres.

Comment n'auroit-on pas de soi la plus haute idée ? Il n'est personne qui ne changeât d'opinions s'il croyoit ses opinions fausses. Chacun croit donc penser juste, et par conséquent beaucoup mieux que ceux dont les idées sont contraires aux siennes. Or, s'il n'est pas deux hommes dont les idées soient exactement semblables, il faut nécessairement que chacun en particulier croie mieux penser que tout autre (1). La duchesse de la Ferté disoit

(1) L'expérience nous apprend que chacun met au rang des esprits faux et des mauvais livres tout homme et tout ouvrage qui combat ses opinions ; qu'il voudroit imposer silence à l'homme, et supprimer l'ouvrage : c'est un avantage que

un jour à Mme de Staal : « Il faut l'a-
« vouer, ma chere amie, je ne trouve
« que moi qui aie toujours raison (1) ».
Ecoutons le talapoin, le bonze, le
bramine, le guebre, le grec, l'iman,
l'hérétique; lorsque dans l'assemblée
du peuple ils prêchent les uns contre
les autres, chacun d'eux ne dit-il pas,
comme la duchesse de la Ferté, *Peuples, je vous l'assure, moi seul j'ai
toujours raison?* Chacun se croit donc
un esprit supérieur ; et les sots ne
sont pas ceux qui s'en croient le

des orthodoxes peu éclairés ont quelquefois donné sur eux aux hérétiques. Si,
dans un procès, disent ces derniers, une
partie défendoit à l'autre de faire imprimer
des factums pour soutenir son droit, ne
regarderoit-on pas cette violence de l'une
des parties comme une preuve de l'injustice de sa cause?

(1) Voyez les Mémoires de Mme de Staal.

moins (1) : c'est ce qui a donné lieu au conte des quatre marchands qui viennent en foire vendre de la beauté, de la naissance, des dignités, et de l'esprit, et qui trouvent tous le débit de leur marchandise, à l'excep-

(1) Quelle présomption, disent les gens médiocres, que celle de ceux qu'on appelle les gens d'esprit ! quelle supériorité ne se croient-ils pas sur les autres hommes ! Mais, leur répondroit-on, le cerf qui se vanteroit d'être le plus vîte des cerfs seroit sans doute un orgueilleux ; mais, sans blesser la modestie, il pourroit pourtant dire qu'il court mieux que la tortue. Vous êtes la tortue. Vous n'avez ni lu ni médité ; comment pourriez-vous avoir autant d'esprit qu'un homme qui s'est donné beaucoup de peine pour acquérir des connoissances ? Vous l'accusez de présomption ; et c'est vous qui, sans étude et sans réflexion, voulez marcher son égal. A votre avis, qui des deux est présomptueux ?

tion du dernier, qui se retire sans étrenner.

Mais, dira-t-on, on voit quelques gens reconnoître dans les autres plus d'esprit qu'en eux. Oui, répondrai-je, on voit des hommes en faire l'aveu; et cet aveu est d'une belle ame : cependant ils n'ont pour celui qu'ils avouent leur supérieur qu'une *estime sur parole*; ils ne font que donner à l'opinion publique la préférence sur la leur, et convenir que ces personnes sont plus estimées, sans être intérieurement convaincus qu'elles soient plus estimables (1).

(1) En poésie, Fontenelle seroit sans peine convenu de la supériorité du génie de Corneille sur le sien, mais il ne l'auroit pas sentie. Je suppose, pour s'en convaincre, qu'on eût prié ce même Fontenelle de donner en fait de poésie l'idée qu'il s'étoit formée de la perfection; il est cer-

Un homme du monde conviendra sans peine qu'il est, en géométrie, fort inférieur aux Fontaine, aux d'Alembert, aux Clairaut, aux Euler; que, dans la poésie, il le cede aux Moliere, aux Racine, aux Voltaire : mais je dis en même temps que cet homme fera d'autant moins de cas d'un genre, qu'il reconnoîtra plus de supérieurs en ce même genre, et que

tain qu'il n'auroit en ce genre proposé d'autres regles fines que celles qu'il avoit lui-même aussi bien observées que Corneille ; qu'il devoit donc se croire intérieurement aussi grand poëte que qui que ce fût ; et qu'en s'avouant inférieur à Corneille il ne faisoit par conséquent que sacrifier son sentiment à celui du public. Peu de gens ont le courage d'avouer que c'est pour eux qu'ils ont le plus de l'espece d'estime que j'appelle *sentie;* mais, qu'ils le nient ou qu'ils l'avouent, ce sentiment n'en existe pas moins en eux.

d'ailleurs il se croira tellement dédommagé de la supériorité qu'ont sur lui les hommes que je viens de citer, soit en cherchant à trouver de la frivolité dans les arts et les sciences, soit par la variété de ses connoissances, le bon sens, l'usage du monde, ou par quelque autre avantage pareil; que, tout pesé, il se croira aussi estimable que qui que ce soit (1).

(1) On se loue de tout: les uns vantent leur stupidité sous le nom de bon sens; d'autres louent leur beauté; quelques uns, enorgueillis de leurs richesses, mettent ces dons du hasard sur le compte de leur esprit et de leur prudence; la femme qui compte le soir avec son cuisinier se croit aussi estimable qu'un savant. Il n'est pas jusqu'à l'imprimeur d'*in-folio* qui ne méprise l'imprimeur de *romans*, et qui ne se croie aussi supérieur au dernier que l'*in-folio* l'est en masse à la *brochure*.

Mais, ajoutera-t-on, comment imaginer qu'un homme qui, par exemple, remplit les petits offices de la magistrature puisse se croire autant d'esprit que Corneille? Il est vrai, répondrai-je, qu'il ne mettra personne à cet égard dans sa confidence. Cependant, lorsque, par un examen scrupuleux, on a découvert de combien de sentiments d'orgueil nous sommes journellement affectés sans nous en appercevoir, et par combien d'éloges il faut être enhardi pour s'avouer à soi-même et aux autres la profonde estime qu'on a pour son esprit, on sent que le silence de l'orgueil n'en prouve point l'absence. Supposons, pour suivre l'exemple ci-dessus rapporté, qu'au sortir de la comédie le hasard rassemble trois praticiens; qu'ils viennent à parler de Corneille: tous trois, peut-être, s'écrieront à-la-fois que Corneille est le plus grand génie du monde. Cependant, si, pour se décharger du poids importun de l'estime, l'un d'eux ajoutoit que ce Corneille est à la vérité un grand homme, mais dans un genre frivole; il est certain, si l'on en juge par le mépris que certaines gens affectent pour la poésie, que les deux autres praticiens pourroient se ranger à l'avis du premier; puis, de confiance en confiance, s'ils venoient à comparer la chicane à la poésie, L'art de la procédure, diroit un autre, a bien ses ruses, ses finesses, et ses combinaisons, comme tout autre art: Vraiment, répondroit le troisieme, il n'est point d'art plus difficile. Or, dans l'hypothese très admissible que, dans cet art si difficile, chacun de ces praticiens se crût le plus habile, sans qu'aucun d'eux eût prononcé le mot, le résultat de cette conversation seroit que chacun d'eux se croiroit autant d'esprit que Corneille. Nous sommes, par la vanité et sur-tout par l'ignorance, tellement nécessités à nous estimer préférablement aux autres, que le plus grand homme dans chaque art est celui que chaque artiste regarde comme le premier après lui (1). Du

(1) Aucun art, aucun talent, ne mérite la préférence sur un autre, qu'autant qu'il est réellement plus utile, soit pour amuser, soit pour instruire. Les comparaisons qu'on en fait dans le monde, et les éloges exclusifs qu'on leur prodigue, ne déterminent jamais la préférence qu'on voudroit leur faire obtenir; attendu que ceux avec qui l'on en parle et l'on en dispute sont toujours intérieurement bien décidés à n'accorder cette préférence qu'à l'art ou au talent qui flatte le plus l'intérêt de son penchant ou de sa vanité. Et cet intérêt ne peut être le même dans tous les hommes.

temps de Thémistocle, où l'orgueil n'étoit différent de l'orgueil du siecle présent qu'en ce qu'il étoit plus naïf, tous les capitaines, après la bataille de Salamine, ayant été obligés de déclarer par des billets pris sur l'autel de Neptune ceux qui avoient eu le plus de part à la victoire, chacun, s'y donnant la premiere part, adjugea la seconde à Thémistocle; et le peuple crut alors devoir décerner la premiere récompense à celui que chacun des capitaines en avoit regardé comme le plus digne après lui.

Il est donc certain que chacun a nécessairement de soi la plus haute idée, et qu'en conséquence on n'estime jamais dans autrui que son image et sa ressemblance.

La conclusion générale de ce que j'ai dit de l'esprit considéré par rapport à un particulier, c'est que l'esprit n'est que l'assemblage des idées intéressantes pour ce particulier, soit comme instructives, soit comme agréables : d'où il suit que l'intérêt personnel, comme je m'étois proposé de le montrer, est en ce genre le seul juge du mérite des hommes.

CHAPITRE V.

De la Probité par rapport à une Société particuliere.

Sous ce point de vue, je dis que la probité n'est que l'habitude plus ou moins grande des actions particulièrement utiles à cette petite société. Ce n'est pas que certaines sociétés vertueuses ne paroissent souvent se dépouiller de leur propre intérêt pour porter sur les actions des hommes des jugements conformes à l'intérêt public; mais elles ne font alors que satisfaire la passion qu'un orgueil éclairé leur donne pour la vertu, et par conséquent qu'obéir comme toute autre société à la loi de l'intérêt personnel. Quel autre motif pourroit déterminer un homme à des actions généreuses ? Il lui est aussi impossible d'aimer le bien pour le bien, que d'aimer le mal pour le mal (1).

(1) Les déclamations continuelles des moralistes contre la méchanceté des hommes prouvent le peu de connoissance qu'ils en ont. Les hommes ne sont point méchants, mais soumis à leurs intérêts: les cris des moralistes ne changeront certainement pas ce ressort de l'univers moral. Ce n'est donc point de la méchanceté des hommes dont il faut se plaindre, mais de l'ignorance des législateurs, qui ont toujours mis l'intérêt particu-

Brutus ne sacrifia son fils au salut de Rome que parceque l'amour paternel avoit sur lui moins de puissance que l'amour de la patrie; il ne fit alors que céder à sa plus forte passion : c'est elle qui, l'éclairant sur l'intérêt public, lui fit appercevoir dans un parricide si généreux, si propre à ranimer l'amour de la liberté, l'unique ressource qui pût sauver Rome, et l'empêcher de retomber sous la tyrannie des Tarquins. Dans les circonstances critiques où Rome se trouvoit alors, il falloit qu'une pareille action servît de fondement à la vaste puissance à laquelle l'éleva depuis l'amour du bien public et de la liberté.

lier en opposition avec l'intérêt général. Si les Scythes étoient plus vertueux que nous, c'est que leur législation et leur genre de vie leur inspiroient plus de probité.

Mais, comme il est peu de Brutus et de sociétés composées de pareils hommes, c'est dans l'ordre commun que je prendrai mes exemples pour prouver que dans chacune des sociétés l'intérêt particulier est l'unique distributeur de l'estime accordée aux actions des hommes.

Pour s'en convaincre, qu'on jette les yeux sur un homme qui sacrifie tous ses biens pour sauver de la rigueur des lois un parent assassin : cet homme passera certainement dans sa famille pour très vertueux, quoiqu'il soit réellement très injuste. Je dis très injuste, parceque, si l'espoir de l'impunité doit multiplier les forfaits chez une nation, si la certitude du supplice est absolument nécessaire pour y entretenir l'ordre, il est évident qu'une grace accordée à un criminel est envers le public une injustice dont se rend complice celui qui sollicite une pareille grace (1).

(1) « Je ne suis coupable, disoit Chilon mourant, que d'un seul crime ; c'est d'avoir, pendant ma magistrature, sauvé de la rigueur des lois un criminel, mon meilleur ami. »

Je citerai encore à ce sujet un fait rapporté dans le Gulistan. Un Arabe va se plaindre au sultan des violences que deux inconnus exerçoient dans sa maison. Le sultan s'y transporte, fait éteindre les lumieres, saisir les criminels, envelopper leur tête d'un manteau ; il commande qu'on les poignarde. L'exécution faite, le sultan fait rallumer les flambeaux, considere les corps des criminels, leve les mains, et rend grace à Dieu. « Quelle faveur, lui dit son visir, avez-vous donc reçue du ciel ? — Visir, répond le sultan, j'ai cru mes fils auteurs de ces violences ; c'est pourquoi j'ai voulu qu'on éteignît les flambeaux, qu'on couvrît

Qu'un ministre, sourd aux sollicitations de ses parents et de ses amis, croie ne devoir élever aux premieres places que des hommes du premier mérite ; ce ministre si juste passera certainement dans sa société pour un homme inutile, sans amitié, peut-être même sans honnêteté. Il faut le dire à la honte du siecle ; ce n'est presque jamais qu'à des injustices qu'un homme en grande place doit les titres de bon ami, de bon parent, d'homme vertueux et bienfaisant, que lui prodigue la société dans laquelle il vit (1).

« d'un manteau le visage de ces malheu-
« reux : j'ai craint que la tendresse pa-
« ternelle ne me fît manquer à la jus-
« tice que je dois à mes sujets. Juge si
« je dois remercier le ciel, maintenant
« que je me trouve juste sans être par-
« ricide. »

(1) Le jour où Cléon l'Athénien eut

Que, par ses intrigues, un pere obtienne l'emploi de général pour un fils incapable de commander, ce pere sera cité dans sa famille comme un homme honnête et bienfaisant : cependant quoi de plus abominable que d'exposer une nation, ou du moins plusieurs de ses provinces, aux ravages qui suivent une défaite, uniquement pour satisfaire l'ambition d'une famille ?

Quoi de plus punissable que des sollicitations contre lesquelles il est impossible qu'un souverain soit toujours en garde ? De pareilles sollicitations, qui n'ont que trop souvent

part à l'administration publique il assembla ses amis, et leur dit qu'il renonçoit à leur amitié, parcequ'elle pouvoit être pour lui une occasion de manquer à son devoir et de commettre des injustices.

plongé les nations dans les plus grands malheurs, sont des sources intarissables de calamités; calamités auxquelles peut-être on ne peut soustraire les peuples qu'en brisant entre les hommes tous les liens de la parenté, et déclarant tous les citoyens enfants de l'état. C'est l'unique moyen d'étouffer des vices qu'autorise une apparence de vertu, d'empêcher la subdivision d'un peuple en une infinité de familles ou de petites sociétés, dont les intérêts, presque toujours opposés à l'intérêt public, éteindroient à la fin dans les ames toute espece d'amour pour la patrie.

Ce que j'ai dit prouve suffisamment que, devant le tribunal d'une petite société, l'intérêt est le seul juge du mérite des actions des hommes : aussi n'ajouterois-je rien à ce que je viens de dire, si je ne m'étois proposé l'utilité publique pour but principal de cet ouvrage. Or je sens qu'un homme honnête, effrayé de l'ascendant que doit nécessairement avoir sur lui l'opinion des sociétés dans lesquelles il vit, peut craindre avec raison d'être à son insu souvent détourné de la vertu.

Je n'abandonnerai donc pas cette matiere sans indiquer les moyens d'échapper aux séductions, et d'éviter les pieges que l'intérêt des sociétés particulieres tend à la probité des plus honnêtes gens, et dans lesquels il ne l'a que trop souvent surprise.

CHAPITRE VI.

Des moyens de s'assurer de la Vertu.

Un homme est juste lorsque toutes ses actions tendent au bien public. Ce n'est point assez de faire du bien pour mériter le titre de vertueux. Un prince a mille places à donner; il faut les remplir; il ne peut s'empêcher de faire mille heureux. C'est donc uniquement de la justice (1) ou de l'injustice de ses choix que dépend sa vertu. Si, lorsqu'il s'agit d'une place importante, il donne, par amitié, par

___
(1) On couvroit, dans certains pays, d'une peau d'âne les hommes en place, pour leur apprendre qu'ils ne doivent rien à ce qu'on appelle décence ou faveur, mais tout à la justice.

foiblesse, par sollicitation, ou par paresse, à un homme médiocre la préférence sur un homme supérieur, il doit se regarder comme injuste, quelques éloges d'ailleurs que donne à sa probité la société dans laquelle il vit.

En fait de probité, c'est uniquement l'intérêt public qu'il faut consulter et croire, et non les hommes qui nous environnent : l'intérêt personnel leur fait trop souvent illusion.

Dans les cours, par exemple, cet intérêt ne donne-t-il pas le nom de prudence à la fausseté, et de sottise à la vérité, qu'on y regarde du moins comme une folie, et qu'on y doit toujours regarder comme telle?

Elle y est dangereuse; et les vertus nuisibles seront toujours comptées au rang des défauts. La vérité ne trouve grace qu'auprès des princes humains et bons, tels que les Louis XII, les

Henri IV. Les comédiens avoient joué le premier sur le théâtre ; les courtisans exhortoient le prince à les punir : « Non, dit-il, ils me rendent justice ; « ils me croient digne d'entendre la « vérité ». Exemple de modération imité depuis par M. le duc d'Orléans, régent. Ce prince, forcé de mettre quelques impositions sur la province de Languedoc, et fatigué des remontrances d'un député des états de cette province, lui répondit avec vivacité : « Et quelles sont vos forces pour vous « opposer à mes volontés? Que pou- « vez-vous faire ? — Obéir, et haïr », répliqua le député. Réponse noble, qui fait également honneur au député et au prince. Il étoit presque aussi difficile à l'un de l'entendre qu'à l'autre de la faire. Ce même prince avoit une maîtresse ; un gentilhomme la lui avoit enlevée ; le prince étoit piqué, et ses favoris l'excitoient à la vengeance. « Punissez, disoient-ils, « un insolent. — Je sais, leur répon- « dit-il, que la vengeance m'est fa- « cile; un mot suffit pour me défaire « d'un rival, et c'est ce qui m'em- « pêche de le prononcer. »

Une pareille modération est trop rare; la vérité est ordinairement trop mal accueillie des princes et des grands pour séjourner long-temps dans les cours. Comment habiteroit-elle un pays où la plupart de ceux qu'on appelle les honnêtes gens, habitués à la bassesse et à la flatterie, donnent et doivent réellement donner à ces vices le nom d'usage du monde? On apperçoit difficilement le crime où se trouve l'utilité. Qui doute cependant que certaines flatteries ne soient plus dangereuses, et par conséquent plus criminelles, aux yeux d'un prince ami de la gloire, que des libelles faits contre lui ? Non que je prenne ici le parti des libelles : mais enfin une flatterie peut, à son insu, détourner un bon prince du chemin de la vertu, lorsqu'un libelle peut quelquefois y ramener un tyran. Ce n'est souvent que par la bouche de la licence que les plaintes des opprimés peuvent s'élever jusqu'au trône (1). Mais l'intérêt cachera toujours de pareilles vérités aux sociétés particulieres de la cour. Ce n'est peut-être qu'en vivant loin de ces sociétés qu'on peut se défendre des illusions qui les séduisent. Il est du moins certain que, dans ces mêmes sociétés,

(1) « Ce n'est point, dit le poëte Saadi, la voix timide des ministres qui doit porter à l'oreille des rois les plaintes des malheureux ; il faut que le cri du peuple puisse directement percer jusqu'au trône. »

on ne peut conserver une vertu toujours forte et pure sans avoir habituellement présent à l'esprit le principe de l'utilité publique (1), sans avoir une connoissance profonde des véritables intérêts de ce public, par conséquent de la morale et de la politique. La parfaite probité n'est jamais le partage de la stupidité; une probité sans lumieres n'est tout au plus qu'une probité d'intention, pour laquelle le

(1) Conséquemment à ce principe, M. de Fontenelle a défini le mensonge, *taire une vérité qu'on doit*. Un homme sort du lit d'une femme, il en rencontre le mari. *D'où venez-vous ?* lui dit celui-ci. Que lui répondre? Lui doit-on alors la vérité? *Non*, dit M. de Fontenelle, *parcequ'alors la vérité n'est utile à personne*. Or la vérité elle-même est soumise au principe de l'utilité publique. Elle doit présider à la composition de l'his-

public n'a et ne doit effectivement avoir aucun égard, 1°. parcequ'il n'est point juge des intentions, 2°. parcequ'il ne prend dans ses jugements conseil que de son intérêt.

S'il soustrait à la mort celui qui par malheur tue son ami à la chasse, ce n'est pas seulement à l'innocence de ses intentions qu'il fait grace, puisque la loi condamne au supplice la sentinelle qui s'est involontairement laissé surprendre au sommeil. Le public ne

toire, à l'étude des sciences et des arts ; elle doit se présenter aux grands, et même arracher le voile qui couvre en eux des défauts nuisibles au public ; mais elle ne doit jamais révéler ceux qui ne nuisent qu'à l'homme même : c'est l'affliger sans utilité ; sous prétexte d'être vrai, c'est être méchant et brutal ; c'est moins aimer la vérité que se glorifier dans l'humiliation d'autrui.

pardonne dans le premier cas que pour ne point ajouter à la perte d'un citoyen celle d'un autre citoyen ; il ne punit dans le second que pour prévenir les surprises et les malheurs auxquels l'exposeroit une pareille invigilance.

Il faut donc pour être honnête joindre à la noblesse de l'ame les lumieres de l'esprit. Quiconque rassemble en soi ces différents dons de la nature se conduit toujours sur la boussole de l'utilité publique. Cette utilité est le principe de toutes les vertus humaines, et le fondement de toutes les législations. Elle doit inspirer le législateur, forcer les peuples à se soumettre à ses lois : c'est enfin à ce principe qu'il faut sacrifier tous ses sentiments, jusqu'au sentiment même de l'humanité.

L'humanité publique est quelquefois impitoyable envers les particuliers (1). Lorsqu'un vaisseau est surpris par de longs calmes, et que la famine a d'une voix impérieuse commandé de tirer au sort la victime infortunée qui doit servir de pâture à ses compagnons, on l'égorge sans re:

(1) C'est ce principe qui, chez les Arabes, a consacré l'exemple de sévérité que donna le fameux Ziad, gouverneur de Basra. Après avoir inutilement tenté de purger cette ville des assassins qui l'infestoient, il se vit contraint de décerner là peine de mort contre tout homme qu'on rencontreroit la nuit dans les rues. On y arrêta un étranger : il est conduit devant le tribunal du gouverneur ; il essaie de le fléchir par ses larmes. « Malheureux
« étranger, lui dit Ziad, je dois te pa-
« roître injuste en punissant une contra-
« vention à des ordres que tu as pu igno-
« rer ; mais le salut de Basra dépend de ta
« mort : je pleure, et te condamne. »

mords. Ce vaisseau est l'emblême de chaque nation : tout devient légitime et même vertueux pour le salut public.

La conclusion de ce que je viens de dire c'est qu'en fait de probité ce n'est point des sociétés où l'on vit dont il faut prendre conseil, mais uniquement de l'intérêt public. Qui le consulteroit toujours ne feroit jamais que des actions ou immédiatement utiles au public, ou avantageuses aux particuliers sans être nuisibles à l'état. Or de pareilles actions lui sont toujours utiles.

L'homme qui secourt le mérite malheureux donne sans contredit un exemple de bienfaisance conforme à l'intérêt général ; il acquitte la taxe que la probité impose à la richesse.

L'honnête pauvreté n'a d'autre patrimoine que les trésors de la vertueuse opulence.

Qui se conduit par ce principe peut se rendre à lui-même un témoignage avantageux de sa probité, peut se prouver qu'il mérite réellement le titre d'honnête homme. Je dis mériter: car, pour obtenir quelque réputation en ce genre, il ne suffit pas d'être vertueux; il faut de plus se trouver, comme les Codrus et les Régulus, heureusement placé dans des temps, des circonstances et des postes où nos actions puissent beaucoup influer sur le bien public. Dans toute autre position, la probité d'un citoyen toujours ignoré du public n'est, pour ainsi dire, qu'une qualité de société particuliere, à l'usage seulement de ceux avec lesquels il vit.

C'est uniquement par ses talents qu'un homme privé peut se rendre utile et recommandable à sa nation. Qu'importe au public la probité d'un particulier (1)? cette probité ne lui est de presque aucune utilité (2). Aussi juge-t-il les vivants comme la postérité juge les morts. Elle ne s'informe point si Juvénal étoit méchant, Ovide débauché, Annibal cruel, Lucrece impie, Horace libertin, Auguste

(1) Le public doit des éloges à la probité d'un particulier; mais il n'aime véritablement que l'espece de probité qui lui est utile. La premiere sert à l'exemple; et, quand elle n'est point nuisible à la société, elle est le germe de la probité utile au public, et concourt du moins à l'harmonie générale.

(2) Il est permis de faire l'éloge de son cœur; et non celui de son esprit: c'est que le premier ne tire pas à conséquence; l'envie prévoit qu'un pareil éloge en obtiendra peu du public.

dissimulé, et César la femme de tous les maris ; c'est uniquement leurs talents qu'elle juge.

Sur quoi je remarquerai que la plupart de ceux qui s'emportent avec fureur contre les vices domestiques d'un homme illustre prouvent moins leur amour pour le bien public que leur envie contre les talents ; envie qui prend souvent à leurs yeux le masque d'une vertu, mais qui n'est le plus souvent qu'une envie déguisée, puisqu'en général ils n'ont pas la même horreur pour les vices d'un homme sans mérite. Sans vouloir faire l'apologie du vice, que d'honnêtes gens auroient à rougir des sentiments dont ils se targuent, si on leur en découvroit le principe et la bassesse !

Peut-être le public marque-t-il trop d'indifférence pour la vertu ; peut-être nos auteurs sont-ils quelquefois plus soigneux de la correction de leurs ouvrages que de celle de leurs mœurs, et prennent-ils exemple sur Averroès, ce philosophe qui se permettoit, dit-on, des fripponneries, qu'il regardoit non seulement comme peu nuisibles, mais même comme utiles à sa réputation. Il donnoit par-là, disoit-il, le change à ses rivaux, détournoit adroitement sur ses mœurs les critiques qu'ils eussent faites de ses ouvrages; critiques qui sans doute auroient porté à sa gloire de plus dangereuses atteintes.

J'ai, dans ce chapitre, indiqué le moyen d'échapper aux séductions des sociétés particulieres, de conserver une vertu toujours inébranlable au choc de mille intérêts particuliers et différents; et ce moyen consiste à prendre dans toutes ses démarches conseil de l'intérêt public.

CHAPITRE VII.

De l'Esprit par rapport aux Sociétés particulieres.

Ce que j'ai dit de l'esprit par rapport à un seul homme, je le dis de l'esprit considéré par rapport aux sociétés particulieres. Je ne répéterai donc point à ce sujet le détail fatigant des mêmes preuves; je montrerai seulement, par de nouvelles applications du même principe, que chaque société, comme chaque particulier, n'estime ou ne méprise les idées des autres sociétés que par la convenance ou la disconvenance que ces idées ont avec ses passions, son genre d'esprit, et enfin le rang que tiennent dans le monde ceux qui composent cette société.

Qu'on produise un fakir dans un cercle de sybarites ; ce fakir n'y sera-t-il pas regardé avec cette pitié méprisante que des ames sensuelles et douces ont pour un homme qui perd des plaisirs réels pour courir après des biens imaginaires ? Que je fasse pénétrer un conquérant dans la retraite des philosophes : qui doute qu'il ne traite de frivolités leurs spéculations les plus profondes, qu'il ne les considere avec le mépris dédaigneux qu'une ame qui se dit grande a pour des ames qu'elle croit petites, et que la puissance a pour la foiblesse ? Mais qu'à son tour je transporte ce conquérant au portique : Orgueilleux, lui dira le stoïcien outragé, toi qui méprises des ames plus hautes que la tienne, apprends que l'objet de tes desirs est ici celui de nos mépris ; que rien ne paroît grand sur la terre à qui la contemple d'un point de vue élevé. Dans une forêt antique, c'est du pied des cedres où s'assied le voyageur que leur faîte semble toucher aux cieux: du haut des nues où plane l'aigle, les hautes futaies rampent comme la bruyere, et n'offrent aux yeux du roi des airs qu'un tapis de verdure déployé sur des plaines. C'est ainsi que l'orgueil blessé du stoïcien se vengera du dédain de l'ambitieux, et qu'en général se traiteront tous ceux qui seront animés de passions différentes.

Qu'une femme jeune, belle, galante, telle enfin que l'histoire nous peint cette célebre Cléopatre qui, par la multiplicité de ses beautés, les charmes de son esprit, la variété de ses caresses, faisoit goûter chaque jour à son amant les délices de l'inconstance, et dont enfin la premiere jouissance n'étoit, dit Échard, qu'une premiere faveur; qu'une telle femme se trouve dans une assemblée de ces prudes dont la vieillesse et la laideur assurent la chasteté; on y méprisera ses graces et ses talents. A l'abri de la séduction, sous l'égide de la laideur, ces prudes ne sentent pas combien l'ivresse d'un amant est flatteuse; avec quelle peine, quand on est belle, on résiste au desir de mettre un amant dans la confidence de mille appas secrets : elles se déchaîneront donc avec fureur contre cette belle femme, et mettront ses foiblesses au rang des plus grands crimes. Mais si l'une de ces prudes se présente à son tour dans un cercle de coquettes, elle y sera traitée sans aucun des ménagements que la jeunesse et la beauté doivent à la vieillesse et à la laideur. Pour se venger de sa pruderie on lui dira que la belle qui cede à l'amour, et la laide qui lui résiste, ne font toutes deux qu'obéir au même principe de vanité; que, dans un amant, l'une cherche un admirateur de ses attraits, l'autre fuit un délateur de ses disgraces; et qu'animées toutes deux par le même motif, entre la prude et la femme galante il n'y a jamais que la beauté de différence.

Voilà comme les passions différentes s'insultent réciproquement; et pourquoi le glorieux, qui méconnoît le mérite dans une condition médiocre, qui le dédaigne, et qui voudroit le voir ramper à ses pieds, est à son tour méprisé des gens éclairés. Insensé, lui diroient-ils volontiers, homme sans mérite et même sans orgueil, de quoi t'applaudis-tu? des honneurs qu'on te rend? Mais ce n'est point à ton mérite, c'est à ton faste et à ta puissance, qu'on rend hommage. Tu n'es rien par toi-même ; si tu brilles, c'est de l'éclat que réfléchit sur toi la faveur du souverain. Regarde ces vapeurs qui s'élevent de la fange des marécages ; soutenues dans les airs, elles s'y changent en nuages éclatants ; elles brillent comme toi, mais d'une splendeur empruntée du soleil ; l'astre se couche, l'éclat du nuage a disparu.

Si des passions contraires excitent le mépris respectif de ceux qu'elles animent, trop d'opposition dans les esprits produit à-peu-près le même effet.

Nécessités, comme je l'ai prouvé dans le chapitre IV, à ne sentir dans les autres que les idées analogues à nos idées, comment admirer un genre d'esprit trop différent du nôtre ? Si l'étude d'une science ou d'un art nous y fait appercevoir une infinité de beautés et de difficultés que nous ignorerions sans cette étude, c'est donc pour la science et l'art que nous cultivons que nous avons nécessairement le plus de cette estime que j'appelle *sentie*.

Notre estime pour les autres arts ou sciences est toujours proportionnée au rapport plus ou moins prochain qu'ils ont avec la science ou l'art auquel nous nous appliquons. Voilà pourquoi le géometre a communément plus d'estime pour le physicien que pour le poëte, qui doit en accorder davantage à l'orateur qu'au géometre.

C'est aussi de la meilleure foi du monde qu'on voit des hommes illustres en des genres différents faire très peu de cas les uns des autres. Pour se convaincre de la réalité d'un mépris toujours réciproque de leur part (car il n'y a point de dette plus fidèlement acquittée que le mépris), prêtons l'oreille aux discours qui échappent aux gens d'esprit.

Semblables aux vendeurs de mithridate répandus dans une place publique, chacun d'eux appelle les admirateurs à soi, et croit les mériter seul. Le romancier se persuade que c'est son genre d'ouvrage qui suppose le plus d'invention et de délicatesse dans l'esprit; le métaphysicien se voit comme la source de l'évidence, et le confident de la nature. Moi seul, dit-il, je puis généraliser les idées, et découvrir le germe des évènements qui se développent journellement dans le monde physique et moral, et c'est par moi seul que l'homme peut être éclairé. Le poëte, qui regarde les métaphysiciens comme des fous sérieux, les assure que, s'ils cherchent la vérité dans le puits où elle s'est retirée, ils n'ont pour y puiser que le seau des Danaïdes ; que les découvertes de leur esprit sont douteuses, mais que les agréments du sien sont certains.

C'est par de tels discours que ces trois hommes se prouveroient réciproquement le peu de cas qu'ils font les uns des autres ; et si dans une pareille contestation ils prenoient un politique pour arbitre, Apprenez, leur diroit-il à tous, que les sciences et les arts ne sont que de sérieuses bagatelles, et de difficiles frivolités. On s'y peut appliquer dans l'enfance pour donner plus d'exercice à son esprit ; mais c'est uniquement la connoissance des intérêts des peuples qui doit occuper la tête d'un homme fait et sensé ; tout autre objet est petit, et tout ce qui est petit est méprisable. D'où il concluroit que lui seul est digne de l'admiration universelle.

Or, pour terminer cet article par un dernier exemple, supposons qu'un physicien prêtât l'oreille à cette conclusion : Tu te trompes, répliqueroit-il à ce politique; si l'on ne mesure la grandeur de l'esprit que par la grandeur des objets qu'il considere, c'est moi seul qu'on doit réellement estimer. Une seule de mes découvertes change les intérêts des peuples. J'aimante une aiguille, je l'enferme dans une boussole; l'Amérique se découvre, on fouille ses mines, mille vaisseaux chargés d'or fendent les mers, abordent en Europe, et la face du monde politique est changée. Toujours occupé de grands objets, si je me recueille dans le silence et la solitude, ce n'est point pour y étudier les petites révolutions des gouvernements, mais celles de l'univers ; ce n'est point pour y pénétrer les frivoles secrets des cours, mais ceux de la nature : je découvre comment les mers ont formé les montagnes, et se sont répandues sur la terre : je mesure et la force qui meut les astres, et l'étendue des cercles lumineux qu'ils décrivent dans l'azur du ciel : je calcule leur masse, je la compare à celle de la terre, et je rougis de la petitesse du globe. Or, si j'ai tant de honte de la ruche, juge du mépris que j'ai pour l'insecte qui l'habite. Le plus grand législateur n'est à mes yeux que le roi des abeilles.

Voilà par quels raisonnements chacun se prouve à lui-même qu'il est possesseur du genre d'esprit le plus estimable; et comment, excités par le desir de le prouver aux autres, les gens d'esprit se déprisent réciproquement, sans s'appercevoir que chacun d'eux, enveloppé dans le mépris qu'il inspire pour ses pareils, devient le jouet et la risée de ce même public dont il devroit être l'admiration.

Au reste, c'est en vain qu'on voudroit diminuer la prévention favorable que chacun a pour son esprit. On se moque d'un fleuriste immobile près d'une plate-bande de tulipes ; il tient les yeux toujours fixés sur leurs calices ; il ne voit rien d'admirable sur la terre que la finesse et le mélange des couleurs dont il a par sa culture forcé la nature à les peindre. Chacun est ce fleuriste ; s'il ne mesure l'esprit des hommes que sur la connoissance qu'ils ont des fleurs, nous ne mesurons pareillement notre estime pour eux que sur la conformité de leurs idées avec les nôtres.

Notre estime est tellement dépendante de cette conformité d'idées, que personne ne peut s'examiner avec attention sans s'appercevoir que, si dans tous les instants de la journée il n'estime point le même homme précisément au même degré, c'est toujours à quelques unes de ces contradictions, inévitables dans le commerce intime et journalier, qu'il doit attribuer la perpétuelle variation du thermometre de son estime : aussi tout homme dont les idées ne sont point analogues à celles de sa société en est-il toujours méprisé.

Le philosophe qui vivra avec des petits-maîtres sera l'imbécille et le ridicule de leur société ; il s'y verra jouer par le plus mauvais bouffon, dont les plus fades quolibets passeront pour d'excellents mots ; car le succès des plaisanteries dépend moins de la finesse d'esprit de leur auteur que de son attention à ne ridiculiser que les idées désagréables à sa société. Il en est des plaisanteries comme des ouvrages de parti; elles sont toujours admirées de la cabale.

Le mépris injuste des sociétés particulieres les unes pour les autres est donc, comme le mépris de particulier à particulier, uniquement l'effet et de l'ignorance et de l'orgueil: orgueil sans doute condamnable, mais nécessaire et inhérent à la nature humaine. L'orgueil est le germe de tant de vertus et de talents, qu'il ne faut ni espérer de le détruire, ni même tenter de l'affoiblir, mais seulement de le diriger aux choses honnêtes. Si je me moque ici de l'orgueil de certaines gens, je ne le fais sans doute que par un autre orgueil, peut-être mieux entendu que le leur dans ce cas particulier, comme plus conforme à l'intérêt général; car la justice de nos jugements et de nos actions n'est jamais que la rencontre heureuse de notre intérêt avec l'intérêt public (1).

Si l'estime que les diverses sociétés ont pour certains sentiments et certaines sciences est différente, selon la diversité des passions et du genre d'esprit de ceux qui les composent, qui doute que la différence entre les con-

―――――――
(1) L'intérêt ne nous présente des objets que les faces sous lesquelles il nous est utile de les appercevoir. Lorsqu'on en juge conformément à l'intérêt public, ce n'est pas tant à la justesse de son esprit, à la justice de son caractere, qu'il en faut faire honneur, qu'au hasard, qui nous place dans des circonstances où nous avons intérêt de voir comme le public. Qui s'examine profondément se surprend trop souvent en erreur pour n'être pas modeste; il ne s'enorgueillit point de ses lumieres; il ignore sa supériorité. L'esprit est comme la santé; quand on en a, l'on ne s'en apperçoit point.

ditions des hommes ne produise à-peu-près le même effet, et que des idées agréables aux gens d'un certain rang ne soient ennuyeuses pour des hommes d'un autre état ? Qu'un homme de guerre, un négociant, dissertent devant des gens de robe ; l'un sur l'art des sieges, des campements, et des évolutions militaires ; l'autre sur le commerce de l'indigo, de la soie, du sucre et du cacao ; ils seront écoutés avec moins de plaisir et d'avidité que l'homme qui, plus au fait des intrigues du palais, des prérogatives de la magistrature, et de la maniere de conduire une affaire, leur parlera de tous les objets que le genre de leur esprit ou de leur vanité rend plus particulièrement intéressants pour eux.

En général on méprise jusqu'à l'esprit dans un homme d'un état inférieur au sien. Quelque mérite qu'ait un bourgeois, il sera toujours méprisé d'un homme en place, si cet homme en place est stupide; « quoiqu'il n'y « ait, dit Domat, qu'une distinction « civile entre le bourgeois et le grand « seigneur, et une distinction natu- « relle entre l'homme d'esprit et le « grand seigneur stupide. »

C'est donc toujours l'intérêt personnel, modifié selon la différence de nos besoins, de nos passions, de notre genre d'esprit et de nos conditions, qui, se combinant dans les diverses sociétés d'un nombre infini de manieres, produit l'étonnante diversité des opinions.

C'est conséquemment à cette variété d'intérêt que chaque société a son ton, sa maniere particuliere de juger, et son grand esprit, dont elle feroit volontiers un dieu, si la crainte des jugements du public ne s'opposoit à cette apothéose.

Voilà pourquoi chacun trouve à s'assortir. Aussi n'est-il point de stupide, s'il apporte une certaine attention au choix de sa société, qui n'y puisse passer une vie douce au milieu d'un concert de louanges données par des admirateurs sinceres; aussi n'est-il point d'homme d'esprit, s'il se répand dans différentes sociétés, qui ne s'y voie successivement traité de fou, de sage, d'agréable, d'ennuyeux, de stupide, et de spirituel.

La conclusion générale de ce que je viens de dire, c'est que l'intérêt personnel est dans chaque société l'unique appréciateur du mérite des choses et des personnes. Il ne me reste plus qu'à montrer pourquoi les hommes les plus généralement fêtés et recherchés des sociétés particulieres, telles que celles du grand monde, ne sont pas toujours les plus estimés du public.

CHAPITRE VIII.

De la différence des jugements du public et de ceux des sociétés particulieres.

Pour découvrir la cause des jugements différents que portent sur les mêmes gens le public et les sociétés particulieres, il faut observer qu'une nation n'est que l'assemblage des citoyens qui la composent; que l'intérêt de chaque citoyen est toujours, par quelque lien, attaché à l'intérêt public; que, semblable aux astres qui, suspendus dans les déserts de l'espace, y sont mus par deux mouvements principaux, dont le premier, plus lent (1), leur est commun avec tout l'univers, et le second, plus rapide, leur est particulier, chaque société est aussi mue par deux différentes especes d'intérêt.

Le premier, plus foible, lui est commun avec la société générale, c'est-à-dire avec la nation; et le second, plus puissant, lui est absolument particulier.

Conséquemment à ces deux sortes d'intérêt, il est deux sortes d'idées propres à plaire aux sociétés particulieres.

L'une, dont le rapport plus immédiat à l'intérêt public a pour objet le commerce, la politique, la guerre, la législation, les sciences et les arts : cette espece d'idées, intéressantes pour

___
(1) Système des anciens philosophes.

chacun d'eux en particulier, est en conséquence la plus généralement mais la plus foiblement estimée de la plupart des sociétés. Je dis la plupart, parcequ'il est des sociétés, telles que les sociétés académiques, pour qui les idées le plus généralement utiles sont les idées le plus particulièrement agréables, et dont l'intérêt personnel se trouve par ce moyen confondu avec l'intérêt public.

L'autre espece d'idées a des rapports immédiats à l'intérêt particulier de chaque société, c'est-à-dire à ses goûts, à ses aversions, à ses projets, à ses plaisirs. Plus intéressante et plus agréable par cette raison aux yeux de cette société, elle est communément assez indifférente à ceux du public.

Cette distinction admise, quiconque acquiert un très grand nombre d'idées de cette derniere espece, c'est-à-dire d'idées particulièrement intéressantes pour les sociétés où il vit, y doit être en conséquence regardé comme très spirituel : mais que cet homme s'offre aux yeux du public, soit dans un ouvrage, soit dans une grande place, il ne lui paroîtra souvent qu'un homme très médiocre. C'est une voix charmante en chambre, mais trop foible pour le théâtre.

Qu'un homme, au contraire, ne s'occupe que d'idées généralement intéressantes, il sera moins agréable aux sociétés dans lesquelles il vit; il y paroîtra même quelquefois et lourd et déplacé : mais qu'il s'offre aux yeux du public, soit dans un ouvrage, soit dans une grande place; étincelant alors de génie, il méritera le titre d'homme supérieur. C'est un colosse monstrueux, et même désagréable, dans l'attelier du sculpteur, qui, élevé dans la place publique, devient l'admiration des citoyens.

Mais pourquoi ne réuniroit-on pas en soi les idées de l'une et l'autre espece, et n'obtiendroit-on pas à-la-fois l'estime de la nation et celle des gens du monde? C'est, répondrai-je, parceque le genre d'étude auquel il faut se livrer pour acquérir des idées intéressantes pour le public ou pour les sociétés particulieres est absolument différent.

Pour plaire dans le monde il ne faut approfondir aucune matiere, mais voltiger incessamment de sujets en sujets; il faut avoir des connoissances très variées, et dès lors très superficielles; savoir de tout, sans perdre son temps à savoir parfaitement une chose; et donner par conséquent à son esprit plus de surface que de profondeur.

Or le public n'a nul intérêt d'estimer des hommes superficiellement universels ; peut-être même ne leur rend-il point une exacte justice, et ne se donne-t-il jamais la peine de prendre le toisé d'un esprit partagé en trop de genres différents.

Uniquement intéressé à estimer ceux qui se rendent supérieurs en un genre, et qui avancent à cet égard l'esprit humain, le public doit faire peu de cas de l'esprit du monde.

Il faut donc, pour obtenir l'estime générale, donner à son esprit plus de profondeur que de surface, et concentrer, pour ainsi dire, dans un seul point, comme dans le foyer d'un verre ardent, toute la chaleur et les rayons de son esprit. Eh! comment se partager entre ces deux genres d'étude, puisque la vie qu'il faut mener pour suivre l'un ou l'autre est entièrement différente ? On n'a donc l'une de ces especes d'esprit qu'exclusivement à l'autre.

Si, pour acquérir des idées intéressantes pour le public, il faut, comme je le prouverai dans les chapitres suivants, se recueillir dans le silence et la solitude ; il faut au contraire, pour présenter aux sociétés particulieres les idées les plus agréables pour elles, se jeter absolument dans le tourbillon du monde. Or on ne peut y vivre sans se remplir la tête d'idées fausses et puériles : je dis fausses, parceque tout homme qui ne connoît qu'une seule façon de penser regarde nécessairement sa société comme l'univers par excellence : il doit imiter les nations dans le mépris réciproque qu'elles ont pour leurs mœurs, leur religion, et même leurs habillements différents ; trouver ridicule tout ce qui contredit les idées de sa société, et tomber en conséquence dans les erreurs les plus grossieres. Quiconque s'occupe fortement des petits intérêts des sociétés particulieres doit nécessairement attacher trop d'estime et d'importance à des fadaises.

Or, qui peut se flatter d'échapper à cet égard aux pieges de l'amour-propre, lorsqu'on voit qu'il n'est point de procureur dans son étude, de conseiller dans sa chambre, de marchand dans son comptoir, d'officier dans sa garnison, qui ne croie l'univers occupé de ce qui l'intéresse (1) ?

(1) Quel plaideur ne s'extasie pas à la lecture de son factum, et ne la regarde pas comme plus sérieuse et plus importante que celle des ouvrages de Fontenelle et de tous les philosophes qui ont écrit sur la connoissance du cœur et de l'esprit humain ? Les ouvrages de ces derniers,

Chacun peut s'appliquer ce conte de la mere Jésus, qui, témoin d'une dispute entre la discrete et la supé-

dira-t-il, sont amusants, mais frivoles, et nullement dignes d'être un objet d'étude. Pour mieux faire sentir quelle importance chacun met à ses occupations, je citerai quelques lignes de la préface d'un livre intitulé, *Traité du Rossignol.* C'est l'auteur qui parle.

« J'ai, dit-il, employé vingt ans à la
« composition de cet ouvrage : aussi les
« gens qui pensent comme il faut ont tou-
« jours senti que le plus grand plaisir, et
« le plus pur qu'on puisse goûter en ce
« monde, est celui qu'on ressent en se
« rendant utile à la société : c'est le point
« de vue qu'on doit avoir dans toutes ses
« actions ; et celui qui ne s'emploie pas
« dans tout ce qu'il peut pour le bien gé-
« néral semble ignorer qu'il est autant né
« pour l'avantage des autres que pour le
« sien propre. Tels sont les motifs qui

rieure, demande au premier qu'elle trouve au parloir : « Savez-vous que « la mere Cécile et la mere Thérese « viennent de se brouiller ? Mais vous « êtes surpris ! Quoi ! tout de bon, « vous ignoriez leur querelle ? Et d'où « venez-vous donc »? Nous sommes tous, plus ou moins, la mere Jésus : ce dont notre société s'occupe, c'est ce dont tous les hommes doivent s'occuper ; ce qu'elle pense, croit et dit, c'est l'univers entier qui le pense, le croit et le dit.

Comment un courtisan qui vit répandu dans un monde où l'on ne

« m'ont engagé à donner au public ce « *Traité du Rossignol* ». L'auteur ajoute, quelques lignes après : « L'amour du « bien public, qui m'a engagé à mettre « au jour cet ouvrage, ne m'a pas laissé « oublier qu'il devoit être écrit avec franchise et sincérité. »

parle que des cabales, des intrigues de la cour, de ceux qui s'élevent en crédit, ou qui tombent en disgrace, et qui, dans le cercle étendu de ses sociétés, ne voit personne qui ne soit plus ou moins affecté des mêmes idées; comment, dis-je, ce courtisan ne se persuaderoit-il pas que les intrigues de la cour sont pour l'esprit humain les objets les plus dignes de méditation, et les plus généralement intéressants ? Peut-il imaginer que dans la boutique la plus voisine de son hôtel on ne connoît ni lui ni tous ceux dont il parle; qu'on n'y soupçonne pas même l'existence des choses qui l'occupent si vivement; que dans un coin de son grenier loge un philosophe auquel les intrigues et les cabales que forme un ambitieux pour se faire chamarrer de tous les cordons de l'Europe paroissent aussi puériles et moins sensées qu'un complot d'écoliers pour dérober une boîte de dragées, et pour qui enfin les ambitieux ne sont que de vieux enfants qui ne croient pas l'être?

Un courtisan ne devinera jamais l'existence de pareilles idées. S'il venoit à la soupçonner, il seroit comme ce roi du Pégu qui, ayant demandé à quelques Vénitiens le nom de leur souverain, et ceux-ci lui ayant répondu qu'ils n'étoient point gouvernés par des rois, trouva cette réponse si ridicule qu'il en pâma de rire.

Il est vrai qu'en général les grands ne sont pas sujets à de pareils soupçons. Chacun d'eux croit tenir un grand espace sur la terre, et s'imagine qu'il n'y a qu'une seule façon de penser qui doit faire loi parmi les hommes, et que cette façon de penser est renfermée dans sa société. Si de temps en temps il entend dire qu'il est des opinions différentes des siennes, il ne les apperçoit pour ainsi dire que dans un lointain confus; il les croit toutes reléguées dans la tête d'un très petit nombre d'insensés : il est à cet égard aussi fou que ce géographe chinois qui, plein d'un orgueilleux amour pour sa patrie, dessina une mappemonde dont la surface étoit presque entièrement couverte par l'empire de la Chine, sur les confins de laquelle on ne faisoit qu'appercevoir l'Asie, l'Afrique, l'Europe et l'Amérique. Chacun est tout dans l'univers; les autres n'y sont rien.

On voit donc que, forcé, pour se rendre agréable aux sociétés particulieres, de se répandre dans le monde, de s'occuper de petits intérêts, et d'adopter mille préjugés, on doit insensiblement charger sa tête d'une infinité d'idées absurdes et ridicules aux yeux du public.

Au reste, je suis bien aise d'avertir que je n'entends point ici par les gens du monde uniquement les gens de la cour. Les Turenne, les Richelieu, les Luxembourg, les la Rochefoucauld, les Retz, et plusieurs autres hommes de leur espece, prouvent que la frivolité n'est pas l'apanage nécessaire d'un rang élévé, et qu'il faut uniquement entendre par hommes du monde tous ceux qui ne vivent que dans son tourbillon.

Ce sont ceux-là que le public, avec tant de raison, regarde comme des gens absolument vuides de sens : j'en apporterai pour preuve leurs prétentions folles et exclusives sur le bon ton et le bel usage. Je choisis ces prétentions d'autant plus volontiers pour exemple, que les jeunes gens, dupes du jargon du monde, ne prennent que trop souvent son cailletage pour esprit, et le bon sens pour sottise.

CHAPITRE IX.

Du bon ton et du bel usage.

Toute société divisée d'intérêt et de goût s'accuse respectivement de mauvais ton ; celui des jeunes gens déplaît aux vieillards, celui de l'homme passionné à l'homme froid, et celui du cénobite à l'homme du monde.

Si l'on entend par bon ton le ton propre à plaire également dans toute société, en ce sens il n'est point d'homme de bon ton. Pour l'être il faudroit avoir toutes les connoissances, tous les genres d'esprit, et peut-être tous les jargons différents ; supposition impossible à faire. On ne peut donc entendre par ce mot de bon ton que le genre de conversation dont les idées et l'expression de ces mêmes idées doit plaire le plus généralement. Or le bon ton ainsi défini n'appartient à nulle classe d'hommes en particulier, mais uniquement à ceux qui s'occupent d'idées grandes et qui, puisées dans des arts et des sciences tels que la métaphysique, la guerre, la morale, le commerce, la politique, présentent toujours à l'esprit des objets intéressants pour l'humanité. Ce genre de conversation, sans contredit le plus généralement intéressant, n'est pas, comme je l'ai dit, le plus agréable pour chaque société en particulier. Chacune d'elles regarde son ton comme supérieur à celui des gens d'esprit, et celui des gens d'esprit simplement comme supérieur à toute autre espece de ton.

Les sociétés sont à cet égard comme les paysans de diverses provinces, qui parlent plus volontiers le patois de leur canton que la langue de leur nation, mais qui préferent la langue nationale au patois des autres provinces. Le bon ton est celui que chaque société regarde comme le meilleur après le sien; et ce ton est celui des gens d'esprit.

J'avouerai cependant, à l'avantage des gens du monde, que s'il falloit, entre les différentes classes d'hommes, en choisir une au ton de laquelle on dût donner la préférence, ce seroit sans contredit à celle des gens de cour: non qu'un bourgeois n'ait autant d'idées qu'un homme du monde; tous deux, si j'ose m'exprimer ainsi, parlent souvent à vuide, et n'ont peut-être, en fait d'idées, aucun avantage l'un sur l'autre; mais le dernier, par la position où il se trouve, s'occupe d'idées plus généralement intéressantes.

En effet, si les mœurs, les inclinations, les préjugés et le caractere des rois ont beaucoup d'influence sur le bonheur ou le malheur public; si toute connoissance à cet égard est intéressante ; la conversation d'un homme attaché à la cour, qui ne peut parler de ce qui l'occupe sans parler souvent de ses maîtres, est donc nécessairement moins insipide que celle du bourgeois. D'ailleurs les gens du monde étant en général fort au-dessus des besoins, et n'en ayant presque point d'autre à satisfaire que celui du plaisir, il est encore certain que leur conversation doit à cet égard profiter des avantages de leur état : c'est ce qui rend en général les femmes de la cour si supérieures aux autres femmes en graces, en esprit, en agréments; et pourquoi la classe des femmes d'esprit n'est presque composée que de femmes du monde.

Mais, si le ton de la cour est supérieur à celui de la bourgeoisie, les grands n'ayant cependant pas toujours à citer de ces anecdotes curieuses sur la vie privée des rois, leur conversation doit le plus communément rouler sur les prérogatives de leurs charges, sur celles de leur naissance, sur leurs aventures galantes, et sur les ridicules donnés ou rendus à un souper : or de pareilles conversations doivent être insipides à la plupart des sociétés.

Les gens du monde sont donc vis-à-vis d'elles précisément dans le cas des gens fortement occupés d'un métier ; ils en font l'unique et perpétuel sujet de leur conversation : en conséquence on les taxe de mauvais ton, parceque c'est toujours par un mot de mépris qu'un ennuyé se venge d'un ennuyeux.

On me répondra peut-être qu'aucune société n'accuse les gens du monde de mauvais ton. Si la plupart des sociétés se taisent à cet égard, c'est que la naissance et les dignités leur en imposent, les empêchent de manifester leurs sentiments, et souvent même de se les avouer à elles-mêmes. Pour s'en convaincre, qu'on interroge sur ce sujet un homme de bon sens: Le ton du monde, dira-t-il, n'est le plus souvent qu'un persifflage ridicule. Ce ton, usité à la cour, y fut sans doute introduit par quelque intrigant qui, pour voiler ses menées, vouloit parler sans rien dire. Dupes de ce persifflage, ceux qui le suivirent, sans avoir rien à cacher, emprunterent le jargon du premier, et crurent dire quelque chose lorsqu'ils prononçoient des mots assez mélodieusement arrangés. Les gens en place, pour détourner les grands des affaires sérieuses, et les en rendre incapables, applaudirent à ce ton, permirent qu'on le nommât esprit, et furent les premiers à lui en donner le nom. Mais, quelque éloge qu'on donne à ce jargon, si, pour apprécier le mérite de la plupart de ces bons mots si admirés dans la bonne compagnie, on les traduisoit dans une autre langue, la traduction dissiperoit le prestige, et la plupart de ces bons mots se trouveroient vuides de sens. Aussi, bien des gens, ajouteroit-il, ont pour ce qu'on appelle les gens brillants un dégoût très marqué, et répete-t-on souvent ce vers de la comédie,

Quand le bon ton paroît, le bon sens se retire.

Le vrai bon ton est donc celui des

gens d'esprit, de quelque état qu'ils soient.

Je veux, dira quelqu'un, que les gens du monde, attachés à de trop petites idées, soient à cet égard inférieurs aux gens d'esprit, ils leur sont du moins supérieurs dans la maniere d'exprimer leurs idées. Leur prétention à cet égard paroît sans contredit mieux fondée. Quoique les mots en eux-mêmes ne soient ni nobles ni bas, et que, dans un pays où le peuple est respecté, comme en Angleterre, on ne fasse ni ne doive faire cette distinction ; dans un état monarchique, où l'on n'a nulle considération pour le peuple, il est certain que les mots doivent prendre l'une ou l'autre de ces dénominations, selon qu'ils sont usités ou rejetés à la cour ; et qu'ainsi l'expression des gens du monde doit toujours être élégante :

aussi l'est-elle. Mais la plupart des courtisans ne s'exerçant que sur des matieres frivoles, le dictionnaire de la langue noble est, par cette raison, très court, et ne suffit pas même au genre du roman, dans lequel ceux des gens du monde qui voudroient écrire se trouveroient souvent fort inférieurs aux gens de lettres (1).

(1) Ce qui fait le plus d'illusion en faveur des gens du monde, c'est l'air aisé, le geste dont ils accompagnent leurs discours, et qu'on doit regarder comme l'effet de la confiance que donne nécessairement l'avantage du rang : ils sont à cet égard ordinairement fort supérieurs aux gens de lettres. Or la déclamation, comme le dit Aristote, est la premiere partie de l'éloquence. Ils peuvent donc, par cette raison, avoir, dans les conversations frivoles, l'avantage sur les gens de lettres: avantage qu'ils perdent lorsqu'ils écrivent; non seulement parcequ'ils

A l'égard des sujets qu'on regarde comme sérieux, et qui tiennent aux arts et à la philosophie, l'expérience nous apprend que, sur de tels sujets, les gens du monde ne peuvent qu'avec peine bégayer leurs pensées (1) : d'où il résulte qu'à l'égard même de l'expression ils n'ont nulle supériorité sur les gens d'esprit, et qu'ils n'en ont à cet égard sur le commun des hommes que dans des matieres frivoles sur lesquelles ils sont très exercés, et dont ils ont fait une étude et, pour ainsi dire, un art particulier ; supériorité

ne sont plus alors soutenus du prestige de la déclamation, mais parceque leurs écrits n'ont jamais que le style de leurs conversations, et qu'on écrit presque toujours mal lorsqu'on écrit comme on parle.

(1) Je ne parle dans ce chapitre que de ceux des gens du monde dont l'esprit n'est point exercé.

qui n'est pas encore bien constatée, et que presque tous les hommes s'exagerent par le respect mécanique qu'ils ont pour la naissance et pour les dignités.

Au reste, quelque ridicule que donne aux gens du monde leur prétention exclusive au bon ton, ce ridicule est moins un ridicule de leur état qu'un de ceux de l'humanité. Comment l'orgueil ne persuaderoit-il pas aux grands qu'eux et les gens de leur espece sont doués de l'esprit le plus propre à plaire dans la conversation, puisque ce même orgueil a bien persuadé à tous les hommes en général que la nature n'avoit allumé le soleil que pour féconder dans l'espace ce petit point nommé la terre, et qu'elle n'avoit semé le firmament d'étoiles que pour l'éclairer pendant les nuits?

On est vain, méprisant, et par conséquent injuste, toutes les fois qu'on peut l'être impunément. C'est pourquoi tout homme s'imagine que sur la terre il n'est point de partie du monde, dans cette partie du monde de nation, dans la nation de province, dans la province de ville, dans la ville de société, comparable à la sienne; qui ne se croie encore l'homme supérieur de sa société, et qui de proche en proche ne se surprenne en s'avouant à lui-même qu'il est le premier homme de l'univers (1). Aussi, quelque folles que soient les prétentions exclusives au bon ton, et quelque ridicule que le public donne à ce sujet aux gens du monde, ce ridicule trouvera toujours grace devant

(1) Voyez *le Pédant joué*, comédie de Cyrano de Bergerac.

l'indulgente et saine philosophie, qui doit même, à cet égard, leur épargner l'amertume des remedes inutiles.

Si l'animal enfermé dans un coquillage, et qui ne connoît de l'univers que le rocher sur lequel il est attaché, ne peut juger de son étendue, comment l'homme du monde, qui vit concentré dans une petite société, qui se voit toujours environné des mêmes objets, et qui ne connoît qu'une seule opinion, pourroit-il juger du mérite des choses ?

La vérité ne s'apperçoit et ne s'engendre que dans la fermentation des opinions contraires. L'univers ne nous est connu que par celui avec lequel nous commerçons. Quiconque se renferme dans une société ne peut s'empêcher d'en adopter les préjugés, surtout s'ils flattent son orgueil.

Qui peut s'arracher à une erreur,

quand la vanité, complice de l'ignorance, l'y a attaché, et la lui a rendue chere?

C'est par un effet de la même vanité que les gens du monde se croient les seuls possesseurs du bel usage, qui, selon eux, est le premier des mérites, et sans lequel il n'en est aucun. Ils ne s'apperçoivent pas que cet usage, qu'ils regardent comme l'usage du monde par excellence, n'est que l'usage particulier de leur monde. En effet, au Monomotapa, où, quand le roi éternue, tous les courtisans sont, par politesse, obligés d'éternuer, et où, l'éternuement gagnant de la cour à la ville, et de la ville aux provinces, tout l'empire paroît affligé d'un rhume général, qui doute qu'il n'y ait des courtisans qui ne se piquent d'éternuer plus noblement que les autres hommes, qui ne se regardent à cet égard comme les possesseurs uniques du bel usage, et qui ne traitent de mauvaise compagnie ou de nations barbares tous les particuliers et tous les peuples dont l'éternuement leur paroît moins harmonieux ?

Les Mariannois ne prétendront-ils pas que la civilité consiste à prendre le pied de celui auquel on veut faire honneur, à s'en frotter doucement le visage, et ne jamais cracher devant son supérieur ?

Les Chiriguanes ne soutiendront-ils pas qu'il faut des culottes, mais que le bel usage est de les porter sous le bras, comme nous portons nos chapeaux ?

Les habitants des Philippines ne diront-ils pas que ce n'est point au mari à faire éprouver à sa femme les premiers plaisirs de l'amour; que c'est une peine dont il doit, en payant, se décharger sur quelque autre ? N'ajouteront-ils pas qu'une fille qui l'est encore lors de son mariage est une fille sans mérite, qui n'est digne que de mépris ?

Ne soutient-on pas au Pégu qu'il est du bel usage et de la décence qu'un éventail à la main le roi s'avance dans la salle d'audience, précédé de quatre jeunes gens des plus beaux de la cour, et qui, destinés à ses plaisirs, sont en même temps ses interpretes et les hérauts qui déclarent ses volontés ?

Que je parcoure toutes les nations, je trouverai par-tout des usages différents (1); et chaque peuple en parti-

(1) Au royaume de Juida, lorsque les habitants se rencontrent, ils se jettent en bas de leurs hamacs, se mettent à genoux vis-à-vis l'un de l'autre, baisent la terre, frappent des mains, se font des

eulier se croira nécessairement en possession du meilleur usage. Or, s'il n'est rien de plus ridicule que de pareilles prétentions, même aux yeux des gens du monde; qu'ils fassent quelque retour sur eux-mêmes, ils

compliments, et se relevent. Les agréables du pays croient certainement que leur maniere de saluer est la plus polie.

Les habitants des Manilles disent que la politesse exige qu'en saluant on plie le corps très bas, qu'on mette ses deux mains sur ses joues, qu'on leve une jambe en l'air, en tenant les genoux pliés.

Le sauvage de la nouvelle Orléans soutient que nous manquons de politesse envers nos rois. « Lorsque je me présente
« au grand chef, dit-il, je le salue par un
« hurlement; puis je pénetre au fond de
« sa cabane, sans jeter un seul coup-d'œil
« sur le côté droit, où le chef est assis.
« C'est là que je renouvelle mon salut,
« en levant mes bras sur ma tête, et en

verront que, sous d'autres noms, c'est d'eux-mêmes dont ils se moquent.

Pour prouver que ce qu'on appelle ici usage du monde, loin de plaire universellement, doit au contraire déplaire le plus généralement, qu'on transporte successivement à la Chine, en Hollande et en Angleterre, le petit-maître le plus savant dans ce composé de gestes, de propos et de manieres appelé usage du monde, et l'homme sensé que son ignorance à cet égard fait traiter de stupide ou de

« hurlant trois fois. Le chef m'invite à
« m'asseoir par un petit soupir : je le re-
« mercie par un nouveau hurlement. A
« chaque question du chef je hurle une
« fois avant que de répondre, et je prends
« congé de lui, en faisant traîner mon
« hurlement jusqu'à ce que je sois hors
« de sa présence. »

mauvaise compagnie; il est certain que ce dernier passera chez ces divers peuples pour plus instruit du véritable usage du monde que le premier.

Quel est le motif d'un pareil jugement? C'est que la raison, indépendante des modes et des coutumes d'un pays, n'est nulle part étrangere et ridicule; c'est qu'au contraire l'usage d'un pays, inconnu à un autre pays, rend toujours l'observateur de cet usage d'autant plus ridicule qu'il y est plus exercé et s'y est rendu plus habile.

Si, pour éviter l'air pesant et méthodique en horreur à la bonne compagnie, nos jeunes gens ont souvent joué l'étourderie; qui doute qu'aux yeux des Anglais, des Allemands ou des Espagnols, nos petits-maîtres ne paroissent d'autant plus ridicules qu'ils seront à cet égard plus attentifs à remplir ce qu'ils croiront du bel usage?

Il est donc certain, du moins si l'on en juge par l'accueil qu'on fait à nos agréables dans le pays étranger, que ce qu'ils appellent usage du monde, loin de réussir universellement, doit au contraire déplaire le plus généralement; et que cet usage est aussi différent du vrai usage du monde, toujours fondé sur la raison, que la civilité l'est de la vraie politesse.

L'une ne suppose que la science des manieres; et l'autre, un sentiment fin, délicat et habituel de bienveillance pour les hommes.

Au reste, quoiqu'il n'y ait rien de plus ridicule que ces prétentions exclusives au bon ton et au bel usage, il est si difficile, comme je l'ai dit plus haut, de vivre dans les sociétés du grand monde sans adopter quelques unes de leurs erreurs, que les gens d'esprit les plus en garde à cet égard ne sont pas toujours sûrs de s'en défendre. Aussi n'est-ce, en ce genre, que des erreurs extrêmement multipliées qui déterminent le public à placer les agréables au rang des esprits faux et petits : je dis petits, parceque l'esprit, qui n'est ni grand ni petit en soi, emprunte toujours l'une ou l'autre de ces dénominations de la grandeur ou de la petitesse des objets qu'il considere, et que les gens du monde ne peuvent guere s'occuper que de petits objets.

Il résulte des deux chapitres précédents que l'intérêt public est presque toujours différent de celui des sociétés particulieres; qu'en conséquence les hommes les plus estimés de ces sociétés ne sont pas toujours les plus estimables aux yeux du public.

Maintenant je vais montrer que

ceux qui méritent le plus d'estime de la part du public doivent, par leur maniere de vivre et de penser, être souvent désagréables aux sociétés particulieres.

CHAPITRE X.

Pourquoi l'homme admiré du public n'est pas toujours estimé des gens du monde.

Pour plaire aux sociétés particulieres il n'est pas nécessaire que l'horizon de nos idées soit fort étendu ; mais il faut connoître ce qu'on appelle le monde, s'y répandre, et l'étudier. Au contraire, pour s'illustrer dans quelque art ou quelque science que ce soit, et mériter en conséquence l'estime du public, il faut, comme je l'ai dit plus haut, faire des études très différentes.

Supposons des hommes curieux de s'instruire dans la science de la morale. Ce n'est que par le secours de l'histoire, et sur les ailes de la méditation, qu'ils pourront, selon les forces inégales de leur esprit, s'élever à différentes hauteurs, d'où l'un découvrira des villes, l'autre des nations, celui-ci une partie du monde, et celui-là l'univers entier. Ce n'est qu'en contemplant la terre de ce point de vue, en s'élevant à cette hauteur, qu'elle se réduit insensiblement devant un philosophe à un petit espace, et qu'elle prend à ses yeux la forme d'une bourgade habitée par différentes familles qui portent le nom de Chinoise, d'Anglaise, de Française, d'Italienne, enfin tous ceux qu'on donne aux différentes nations. C'est de là que, venant à considérer le spectacle des mœurs, des lois, des coutumes, des religions et des passions différentes, un homme, devenu presque insensible à l'éloge comme à la satyre des nations, peut briser tous les liens des préjugés, examiner d'un œil tranquille la contrariété des opinions des hommes, passer sans étonnement du serrail à la chartreuse, contempler avec plaisir l'étendue de la sottise humaine, voir du même œil Alcibiade couper la queue à son chien, et Mahomet s'enfermer dans une caverne, l'un pour se moquer de la légèreté des Athéniens, l'autre pour jouir de l'adoration du monde.

Or de pareilles idées ne se présentent que dans le silence et la solitude. Si les muses, disent les poëtes, aiment les bois, les prés, les fontaines, c'est qu'on y goûte une tranquillité qui fuit les villes; et que les réflexions qu'un homme détaché des petits intérêts des sociétés y fait sur lui-même sont des réflexions qui, faites sur l'homme en général, appartiennent et plaisent à l'humanité. Or, dans cette solitude, où l'on est comme malgré soi porté vers l'étude des arts et des sciences, comment s'occuper d'une infinité de petits faits qui font l'entretien journalier des gens du monde?

Aussi nos Corneille et nos la Fontaine ont-ils quelquefois paru insipides dans nos soupers de bonne compagnie; leur bonhommie même contribuoit à les faire juger tels. Comment les gens du monde pourroient-ils, sous le manteau de la simplicité, reconnoître l'homme illustre? Il est peu de connoisseurs en vrai mérite. Si la plupart des Romains, dit Tacite, trompés par la douceur et la simplicité d'Agricola, cherchoient le grand homme sous son extérieur modeste, sans pouvoir l'y reconnoître; on sent que, trop heureux d'échapper au mépris des sociétés particulieres, le grand homme, surtout s'il est modeste, doit renoncer à l'estime sentie de la plupart d'entre elles. Aussi n'est-il que foiblement animé du desir de leur plaire. Il sent confusément que l'estime de ces sociétés ne prouveroit que l'analogie de ses idées avec les leurs, que cette analogie seroit souvent peu flatteuse, et que l'estime publique est la seule digne d'envie, la seule desirable, puisqu'elle est toujours un don de la reconnoissance publique, et par conséquent la preuve d'un mérite réel. C'est pourquoi le grand homme, incapable d'aucun des efforts nécessaires pour plaire aux sociétés particulieres, trouve tout possible pour mériter l'estime générale. Si l'orgueil de commander aux rois dédommageoit les Romains de la dureté de la discipline militaire, le noble plaisir d'être estimé console les hommes illustres des injustices mêmes de la fortune. Ont-ils obtenu cette estime; ils se croient les possesseurs du bien le plus desiré. En effet, quelque indifférence qu'on affecte pour l'opinion publique, chacun cherche à s'estimer soi-même, et se croit d'autant plus estimable qu'il se voit plus généralement estimé.

Si les besoins, les passions, et surtout la paresse, n'étouffoient en nous ce desir de l'estime, il n'est personne qui ne fît des efforts pour la mériter, et qui ne desirât le suffrage public pour garant de la haute opinion qu'il a de soi. Aussi le mépris de la réputation, et le sacrifice qu'on en fait, dit-on, à la fortune et à la considération, est-il toujours inspiré par le désespoir de se rendre illustre.

On doit vanter ce qu'on a, et dédaigner ce qu'on n'a pas : c'est un effet nécessaire de l'orgueil. On le révolteroit si l'on ne paroissoit pas sa dupe. Il seroit, en pareil cas, trop cruel d'éclairer un homme sur les vrais motifs de ses dédains : aussi le mérite ne se porte-t-il jamais à cet excès de barbarie. Tout homme (qu'il me soit permis de l'observer en passant), lorsqu'il n'est pas né méchant, et lorsque les passions n'offusquent pas les lumieres de sa raison, sera toujours d'autant plus indulgent qu'il sera plus éclairé. C'est une vérité dont je me refuse d'autant moins la preuve, qu'en rendant justice, à cet égard, à l'homme de mérite, je puis, dans les motifs mêmes de son indulgence, faire plus nettement appercevoir la cause du peu de cas qu'il fait de l'estime des sociétés particulieres, et en conséquence du peu de succès qu'il doit y avoir.

Si le grand homme est toujours le plus indulgent; s'il regarde comme un bienfait tout le mal que les hommes ne lui font pas, et comme un don tout ce que leur iniquité lui laisse; s'il verse enfin sur les défauts d'autrui le baume adoucissant de la pitié, et s'il est lent à les appercevoir; c'est que la hauteur de son esprit ne lui permet pas de s'arrêter sur les vices et les ridicules d'un particulier, mais sur ceux des hommes en général. S'il en considere les défauts, ce n'est point de l'œil malin et toujours injuste de l'envie, mais de cet œil serein avec lequel s'examineroient deux hommes qui, curieux de connoître le cœur et l'esprit humain, se regarderoient réciproquement comme deux sujets d'instruction, et deux cours vivants d'expérience morale : bien différents à cet égard de ces demi-esprits, avides d'une réputation qui les fuit, toujours dévorés du poison de la jalousie, et qui, sans cesse à l'affût des défauts d'autrui, perdroient tout leur petit mérite si les hommes perdoient leurs ridicules. Ce n'est point à de pareilles gens qu'appartient la connoissance de l'esprit humain : ils sont faits pour étendre la célébrité des talents par les efforts qu'ils font pour les étouffer. Le mérite est comme la poudre ; son explosion est d'autant plus forte qu'elle est plus comprimée. Au reste, quelque haine qu'on porte à ces envieux, ils sont cependant encore plus à plaindre qu'à blâmer. La présence du mérite les importune : s'ils l'attaquent comme un ennemi, et s'ils sont méchants, c'est qu'ils sont malheureux; c'est qu'ils poursuivent dans les talents l'offense que le mérite fait à leur vanité : leurs crimes ne sont que des vengeances.

Un autre motif de l'indulgence de l'homme de mérite tient à la connoissance qu'il a de l'esprit humain. Il en a tant de fois éprouvé la foiblesse; au milieu des applaudissements d'un aréopage il a tant de fois été tenté, comme Phocion, de se retourner vers son ami pour lui demander s'il n'a pas dit une grande sottise; que, toujours en garde contre sa vanité, il excuse volontiers dans les autres des erreurs dans lesquelles il est quelquefois tombé lui-même. Il sent que c'est à la multitude des sots qu'on doit la création du mot *homme d'esprit;* et qu'en reconnoissance il doit donc écouter sans aigreur les injures que lui prodiguent des gens médiocres.

Que ces derniers se vantent entre eux et en secret des ridicules qu'ils donnent au mérite, du mépris qu'ils ont, disent-ils, pour l'esprit ; ils sont semblables à ces fanfarons d'impiété qui ne blasphêment qu'en tremblant.

La derniere cause de l'indulgence de l'homme de mérite tient à la vue nette qu'il a de la nécessité des jugements humains. Il sait que nos idées sont, si j'ose le dire, des conséquences si nécessaires des sociétés où l'on vit, des lectures qu'on fait, et des objets qui s'offrent à nos yeux, qu'une intelligence supérieure pourroit également, et par les objets qui se sont présentés à nous, deviner nos pensées, et par nos pensées deviner le nombre et l'espece des objets que le hasard nous a offerts.

L'homme d'esprit sait que les hommes sont ce qu'ils doivent être ; que toute haine contre eux est injuste; qu'un sot porte des sottises, comme le sauvageon des fruits amers; que l'insulter c'est reprocher au chêne de porter le gland plutôt que l'olive; que si l'homme médiocre est stupide à ses yeux, il est fou à ceux de l'homme médiocre : car, si tout fou n'est pas homme d'esprit, du moins tout homme d'esprit paroîtra toujours fou aux gens bornés. L'indulgence sera donc toujours l'effet de la lumiere, lorsque les passions n'en intercepteront pas l'action. Mais cette indulgence, principalement fondée sur la hauteur d'ame qu'inspire l'amour de la gloire, rend l'homme éclairé très indifférent à l'estime des sociétés particulieres. Or cette indifférence, jointe aux genres différents de vie et d'étude nécessaires pour plaire, soit au public, soit à ce qu'on appelle la bonne compagnie, fera presque toujours de l'homme de mérite un homme assez désagréable aux gens du monde.

La conclusion générale de ce que j'ai dit de l'esprit par rapport aux sociétés particulieres, c'est qu'uniquement soumise à son intérêt, chaque société mesure sur l'échelle de ce même intérêt le degré d'estime qu'elle accorde aux différents genres d'idées et d'esprits. Il en est des petites sociétés comme d'un particulier. A-t-il un procès? si ce procès est considérable, il recevra son avocat avec plus d'empressement, plus de témoignages de respect et d'estime, qu'il ne recevroit Descartes, Locke, ou Corneille. Le procès est-il accommodé ? c'est à ces derniers qu'il marquera le plus de déférence. La différence de sa position décidera de la différence de ses réceptions.

Je voudrois, en finissant ce chapitre, pouvoir rassurer le très petit nombre de gens modestes qui, distraits par des affaires ou par le soin de leur fortune, n'ont pu faire preuve de grands talents, et ne peuvent, conséquemment aux principes ci-dessus établis, savoir si, quant à l'esprit, ils sont réellement dignes d'estime. Quelque desir que j'aie à cet égard de leur rendre justice, il faut convenir qu'un homme, qui s'annonce comme un grand esprit, sans se distinguer par aucun talent, est précisément dans le cas d'un homme qui se dit noble sans avoir de titres de noblesse. Le public ne connoît et n'estime que le mérite prouvé par les faits. A-t-il à juger des hommes de conditions différentes ? il demande au militaire, Quelle victoire avez-vous remportée ? à l'homme en place, Quel soulagement avez-vous apporté aux miseres du peuple ? au particulier, Par quel ouvrage avez-vous éclairé l'humanité ? Qui n'a rien à répondre à ces questions n'est ni connu ni estimé du public.

Je sais que, séduits par les prestiges de la puissance, par le faste qui l'environne, par l'espoir des graces dont un homme en place est le distributeur, un grand nombre d'hommes reconnoissent machinalement un grand mérite où ils apperçoivent un grand pouvoir ; mais leurs éloges, aussi passagers que le crédit de ceux auxquels ils les prodiguent, n'en imposent point à la saine partie du public. A l'abri de toute séduction, exempt de tout intérêt, le public juge comme l'étranger, qui ne reconnoît pour homme de mérite que l'homme distingué par ses talents. C'est celui-là seul qu'il recherche avec empressement : empressement toujours flatteur pour quiconque en est l'objet (1). Lorsqu'on n'est point constitué en dignité, c'est le signe certain d'un mérite réel.

Qui veut savoir exactement ce qu'il vaut ne peut donc l'apprendre que du public, et doit par conséquent s'exposer à son jugement. On sait les ridicules qu'à cet égard on s'efforce de donner à ceux qui prétendent en qualité d'auteurs à l'estime de leur nation : mais ces ridicules ne font nulle impression sur l'homme de mérite ; il

(1) Nul éloge n'a plus flatté M. de Fontenelle que la question d'un Suédois qui, entrant à Paris, demande aux gens de la barriere la demeure de M. de Fontenelle. Ces commis ne la lui peuvent enseigner. « Quoi ! dit-il, vous autres « Français, vous ignorez la demeure « d'un de vos plus illustres citoyens ! « Vous n'êtes pas dignes d'un tel homme. »

les regarde comme un effet de la jalousie de ces petits esprits qui, s'imaginant que, si personne ne faisoit preuve de mérite, ils pourroient s'en croire autant qu'à qui que ce soit, ne peuvent souffrir qu'on produise de pareils titres. Sans ces titres cependant personne ne mérite ni n'obtient l'estime du public.

Qu'on jette les yeux sur tous ces grands esprits si vantés dans les sociétés particulieres, on verra que, placés par le public au rang des hommes médiocres, ils ne doivent la réputation d'esprit dont quelques gens les décorent qu'à l'incapacité où ils sont de prouver leur sottise, même par de mauvais ouvrages. Aussi, parmi ces *merveilleux*, ceux-là même qui promettent le plus ne sont, si je l'ose dire, en esprit, tout au plus que des *peut-être*.

Quelque certaine que soit cette vérité, et quelque raison qu'aient les gens modestes de douter d'un mérite qui n'a pas passé par la coupelle du public, il est pourtant certain qu'un homme peut, quant à l'esprit, se croire réellement digne de l'estime générale, 1°. lorsque c'est pour les gens les plus estimés du public et des nations étrangeres qu'il se sent le plus d'attrait; 2°. lorsqu'il est loué(1), comme dit Cicéron, par un homme déja loué; 3°. lorsqu'enfin il obtient l'estime de ceux qui, dans des ouvrages ou de grandes places, ont déja fait éclater de grands talents. Leur estime pour lui suppose une grande analogie entre leurs idées et les siennes ; et cette analogie peut être re-

(1) Le degré d'esprit nécessaire pour nous plaire est une mesure assez exacte du degré d'esprit que nous avons.

gardée, sinon comme une preuve complete, du moins comme une assez grande probabilité, que, s'il se fût, comme eux, exposé aux regards du public, il eût eu, comme eux, quelque part à son estime.

CHAPITRE XI.

De la Probité par rapport au Public.

Ce n'est plus de la probité par rapport à un particulier ou une petite société, mais de la vraie probité, de la probité considérée par rapport au public, dont il s'agit dans ce chapitre. Cette espece de probité est la seule qui réellement en mérite et qui en obtienne généralement le nom. Ce n'est qu'en considérant la probité sous ce point de vue qu'on peut se former des idées nettes de l'honnêteté, et trouver un guide à la vertu.

Or, sous cet aspect, je dis que le public, comme les sociétés particulieres, est, dans ses jugements, uniquement déterminé par le motif de son intérêt; qu'il ne donne le nom d'honnêtes, de grandes ou d'héroïques, qu'aux actions qui lui sont utiles; et qu'il ne proportionne point son estime pour telle ou telle action sur le degré de force, de courage ou de générosité nécessaire pour l'exécuter, mais sur l'importance même de cette action, et l'avantage qu'il en retire.

En effet, qu'encouragé par la présence d'une armée, un homme se batte seul contre trois hommes blessés; cette action, sans doute estimable, n'est cependant qu'une action dont mille de nos grenadiers sont capables, et pour laquelle ils ne seroient jamais cités dans l'histoire : mais que le salut d'un empire qui doit subjuguer l'univers se trouve attaché au succès de ce combat ; Horace est un héros, l'admiration de ses concitoyens ; et son nom, célébré dans l'histoire, passe aux siecles les plus reculés.

Que deux personnes se précipitent dans un gouffre ; c'est une action commune à Sapho et à Curtius : mais la premiere s'y jette pour s'arracher aux malheurs de l'amour, et le second pour sauver Rome ; Sapho est une folle, et Curtius un héros. En vain quelques philosophes donneroient-ils également à ces deux actions le nom de folie ; le public, plus éclairé qu'eux sur ses véritables intérêts, ne donnera jamais le nom de fous à ceux qui le sont à son profit.

CHAPITRE XII.

De l'Esprit par rapport au Public.

Appliquons à l'esprit ce que j'ai dit de la probité: on verra que, toujours le même dans ses jugements, le public ne prend jamais conseil que de son intérêt; qu'il ne proportionne point son estime pour les différents genres d'esprit à l'inégale difficulté de ces genres, c'est-à-dire au nombre et à la finesse des idées nécessaires pour y réussir, mais seulement à l'avantage plus ou moins grand qu'il en retire.

Qu'un général ignorant gagne trois batailles sur un général encore plus ignorant que lui, il sera, du moins pendant sa vie, revêtu d'une gloire qu'on n'accordera pas au plus grand peintre du monde. Ce dernier n'a cependant mérité le titre de grand peintre que par une grande supériorité sur des hommes habiles, et qu'en excellant dans un art, sans doute moins nécessaire, mais peut-être plus difficile que celui de la guerre. Je dis plus difficile, parcequ'à l'ouverture de l'histoire, on voit une infinité d'hommes, tels que les Épaminondas, les Lucullus, les Alexandre, les Mahomet, les Spinola, les Cromwel, les Charles XII, obtenir la réputation de grands capitaines le jour même qu'ils ont commandé et battu des armées, et qu'aucun peintre, quelque heureuse disposition qu'il ait reçue de la nature, n'est cité entre les peintres illustres s'il n'a du moins consommé dix ou douze ans de sa vie en études préliminaires de cet art. Pourquoi donc accorder plus d'estime au général ignorant qu'au peintre habile ?

Cet inégal partage de gloire, si injuste en apparence, tient à l'inégalité des avantages que ces deux hommes procurent à leur nation. Qu'on se demande encore pourquoi le public donne au négociateur habile le titre d'esprit supérieur qu'il refuse à l'avocat célèbre ; l'importance des affaires dont on charge le premier prouve-t-elle en lui quelque supériorité d'esprit sur le second ? Ne faut-il pas souvent autant de sagacité et de finesse pour discuter les intérêts et terminer les procès de deux seigneurs de paroisse que pour pacifier deux nations ? Pourquoi donc le public, si avare de son estime envers l'avocat, en est-il si prodigue envers le négociateur ? C'est que le public, toutes les fois qu'il n'est pas aveuglé par quelque préjugé ou quelque superstition, est, sans s'en appercevoir, capable de faire sur ce qui l'intéresse les raisonnements les plus fins. L'instinct, qui lui fait tout rapporter à son intérêt, est comme l'éther, qui pénetre tous les corps sans y faire aucune impression sensible. Il a moins besoin de peintres et d'avocats célebres que de généraux et de négociateurs habiles; il attachera donc aux talents de ces derniers le prix d'estime nécessaire pour engager toujours quelque citoyen à les acquérir.

De quelque côté qu'on jette les yeux, on verra toujours l'intérêt présider à la distribution que le public fait de son estime.

Lorsque les Hollandais érigent une statue à ce Guillaume Buckelst qui leur avoit donné le secret de saler et d'encaquer les harengs, ce n'est point à l'étendue de génie nécessaire pour cette découverte qu'ils déferent cet honneur, mais à l'importance du secret, et aux avantages qu'il procure à la nation.

Dans toute découverte cet avantage en impose tellement à l'imagination, qu'il en décuple le mérite, même aux yeux des gens sensés.

Lorsque les petits Augustins députerent à Rome pour obtenir du saint siege la permission de se couper la barbe, qui sait si le P. Eustache n'employa pas dans cette négociation autant de finesse et d'esprit que le président Jeannin dans ses négociations de Hollande? Personne ne peut rien affirmer à ce sujet. A quoi donc attribuer le sentiment du rire ou de l'estime qu'excitent ces deux négociations différentes, si ce n'est à la différence de leurs objets? Nous supposons toujours de grandes causes à de grands effets.

Un homme occupe une grande place ; par la position où il se trouve il opere de grandes choses avec peu d'esprit : cet homme passera près de la multitude pour supérieur à celui qui, dans un poste inférieur et des circonstances moins heureuses, ne peut qu'avec beaucoup d'esprit exécuter de petites choses. Ces deux hommes seront comme des poids inégaux appliqués à différents points d'un long levier, où le poids plus léger, placé à une des extrémités, enleve un poids décuple placé plus près du point d'appui.

Or, si le public, comme je l'ai prouvé, ne juge que d'après son intérêt, et s'il est indifférent à toute autre espece de considération; ce même public, admirateur enthousiaste des arts qui lui sont utiles, ne doit point exiger des artistes qui les cultivent ce haut degré de perfection auquel il veut absolument qu'atteignent ceux qui s'attachent à des arts moins utiles, et dans lesquels il est souvent plus difficile de réussir. Aussi les hommes, selon qu'ils s'appliquent à des arts plus ou moins utiles, sont-ils comparables à des outils grossiers ou à des bijoux : les premiers sont toujours jugés bons quand l'acier en est bien trempé ; et les seconds ne sont estimés qu'autant qu'ils sont parfaits. C'est pourquoi notre vanité est en secret toujours d'autant plus flattée d'un succès, que nous obtenons ce succès dans un genre moins utile au public, où l'on mérite plus difficilement son approbation, dans lequel enfin la réussite suppose nécessairement plus d'esprit et de mérite personnel.

En effet, de quelles préventions différentes le public n'est-il pas affecté lorsqu'il pese le mérite ou d'un auteur ou d'un général ! Juge-t-il le premier ? il le compare à tous ceux qui ont excellé dans son genre, et ne lui accorde son estime qu'autant qu'il surpasse ou qu'au moins il égale ceux qui l'ont précédé. Juge-t-il un général? il n'examine point, avant d'en faire l'éloge, s'il égale en habileté les Scipion, les César, ou les Sertorius. Qu'un poëte dramatique fasse une bonne tragédie sur un plan déja connu ; c'est, dit-on, un plagiaire méprisable : mais qu'un général se serve dans une campagne, de l'ordre de bataille et des stratagêmes d'un autre général ; il n'en paroît souvent que plus estimable.

Qu'un auteur remporte un prix sur soixante concurrents ; si le public n'avoue point le mérite de ces concurrents, ou si leurs ouvrages sont foibles, l'auteur et son succès sont bientôt oubliés.

Mais, quand le général a triomphé, le public, avant que de le couronner, a-t-il jamais constaté l'habileté et la valeur des vaincus ? Exige-t-il d'un général ce sentiment fin et délicat de gloire qui, à la mort de M. de Turenne, détermina M. de Montecuculi à quitter le commandement des armées ? « On ne peut plus, disoit-il, « m'opposer d'ennemi digne de moi. »

Le public pese donc à des balances très différentes le mérite d'un auteur et celui d'un général. Or pourquoi dédaigner dans l'un la médiocrité que souvent il admire dans l'autre ? C'est qu'il ne tire nul avantage de la médiocrité d'un écrivain, et qu'il en peut tirer de très grands de celle d'un général, dont l'ignorance est quelquefois couronnée du succès. Il est donc intéressé à priser dans l'un ce qu'il méprise dans l'autre.

D'ailleurs, si le bonheur public dépend du mérite des gens en place, et si les grandes places sont rarement remplies par de grands hommes, pour engager les gens médiocres à porter du moins dans leurs entreprises toute la prudence et l'activité dont ils sont capables, il faut nécessairement les flatter de l'espoir d'une grande gloire. Cet espoir seul peut élever jusqu'au terme de la médiocrité des hommes qui n'y eussent jamais atteint, si le public, trop sévere appréciateur de leur mérite, les eût dégoûtés de son estime par la difficulté de l'obtenir.

Voilà la cause de l'indulgence secrete avec laquelle le public juge les gens en place; indulgence quelquefois aveugle dans le peuple, mais toujours éclairée dans l'homme d'esprit. Il sait que les hommes sont les disciples des objets qui les environnent; que la flatterie, assidue auprès des grands, préside à toutes les instructions qu'on leur donne; et qu'ainsi l'on ne peut sans injustice leur demander autant de talents et de vertus qu'on en exige d'un particulier.

Si le spectateur éclairé siffle au théâtre français ce qu'il applaudit aux Italiens; si, dans une belle femme et un joli enfant, tout est grace, esprit, et gentillesse, pourquoi ne pas traiter les grands avec la même indulgence? On peut légitimement admirer en eux des talents qu'on trouve communément chez un particulier obscur, parcequ'il leur est plus difficile de les acquérir. Gâtés par les flatteurs, comme les jolies femmes par les galants; occupés d'ailleurs de mille plaisirs, distraits par mille soins, ils n'ont point, comme un philosophe, le loisir de penser, d'acquérir un grand nombre d'idées (1), ni de reculer et les bornes de leur esprit et celles de l'esprit humain. Ce n'est point aux grands qu'on doit les découvertes dans les arts et les sciences; leur main n'a pas levé le plan de la terre et du ciel, n'a point construit des vaisseaux, édifié

(1) C'est vraisemblablement ce qui a fait avancer à M. Nicole que Dieu avoit fait le don de l'esprit aux gens d'une condition commune, *pour les dédommager*, disoit-il, *des autres avantages que les grands ont sur eux.* Quoi qu'en dise M. Nicole, je ne crois pas que Dieu ait condamné les grands à la médiocrité. Si la plupart d'entre eux sont peu éclairés, c'est par choix, c'est qu'ils sont ignorants, et qu'ils ne contractent point l'habitude de la réflexion. J'ajouterai même qu'il n'est pas de l'intérêt des petits que les grands soient sans lumieres.

des palais, forgé le soc des charrues, ni même écrit les premieres lois : ce sont les philosophes qui, de l'état de sauvages, ont porté les sociétés au point de perfection où maintenant elles semblent parvenues. Si nous n'eussions été secourus que par les lumieres des hommes puissants, peut-être n'auroit-on point encore de bled pour se nourrir, ni de ciseaux pour se faire les ongles.

La supériorité d'esprit dépend principalement, comme je le prouverai dans le discours suivant, d'un certain concours de circonstances où les petits sont rarement placés, mais dans lequel il est presque impossible que les grands se rencontrent. On doit donc juger les grands avec indulgence, et sentir que, dans une grande place, un homme médiocre est un homme très rare.

Aussi le public, sur-tout dans les temps de calamités, leur prodigue-t-il une infinité d'éloges. Que de louanges données à Varron pour n'avoir point désespéré du salut de la république! En des circonstances pareilles à celles où se trouvoient alors les Romains, l'homme d'un vrai mérite est un dieu.

Si Camille eût prévenu les malheurs dont il arrêta le cours; si ce héros, élu général à la bataille d'Allia, eût défait à cette journée les Gaulois, qu'il vainquit au pied du capitole; Camille, pareil alors à cent autres capitaines, n'eût point eu le titre de second fondateur de Rome. Si, dans des temps de prospérité, M. de Villars eût rencontré en Italie la journée de Denain; s'il eût gagné cette bataille dans un moment où la France n'eût point été ouverte à l'ennemi; la victoire eût été moins importante, la reconnoissance du public moins vive, et la gloire du général moins grande.

La conclusion de ce que j'ai dit, c'est que le public ne juge que d'après son intérêt. Perd-on cet intérêt de vue? nulle idée nette de la probité, ni de l'esprit.

Si les nations enchaînées sous un pouvoir despotique sont le mépris des autres nations; si, dans les empires du Mogol et de Maroc, on voit très peu d'hommes illustres; c'est que l'esprit, comme je l'ai dit plus haut, n'étant en soi ni grand ni petit, il emprunte l'une ou l'autre de ces dénominations de la grandeur ou de la petitesse des objets qu'il considere. Or, dans la plupart des gouvernements arbitraires, les citoyens ne peuvent, sans déplaire au despote, s'occuper de l'étude du droit de nature, du droit public, de la morale, et de la politique. Ils n'osent remonter en ce genre jusqu'aux premiers principes de ces sciences, ni s'élever à de grandes idées; ils ne peuvent donc mériter le titre de grands esprits. Mais, si tous les jugements du public sont soumis à la loi de son intérêt, il faut, dira-t-on, trouver dans ce même principe de l'intérêt général la cause de toutes les contradictions qu'on croit à cet égard appercevoir dans les idées du public. Pour cet effet je poursuis le parallele commencé entre le général et l'auteur, et je me fais cette question: Si l'art militaire de tous les arts est le plus utile, pourquoi tant de généraux dont la gloire éclipsoit de leur vivant celle de tous les hommes illustres en d'autres genres ont-ils été, eux, leur mémoire et leurs exploits, ensevelis dans la même tombe, lorsque la gloire des auteurs leurs contemporains conserve encore son premier éclat? La réponse à cette question c'est que, si l'on en excepte les capitaines qui ont réellement perfectionné l'art militaire, et qui, tels que les Pyrrhus, les Annibal, les Gustave, les Condé, les Turenne, doivent en ce genre être mis au rang des modeles et des inventeurs, tous les généraux moins habiles que ceux-là, cessant à leur mort d'être utiles à leur nation, n'ont plus de droit à sa reconnoissance, ni par conséquent à son estime. Au contraire, en cessant de vivre, les auteurs n'ont pas cessé d'être utiles au public ; ils ont laissé entre ses mains les ouvrages qui leur avoient déja mérité son estime : or, comme la reconnoissance doit subsister autant que le bienfait, leur gloire ne peut s'éclipser qu'au moment que leurs ouvrages cesseront d'être utiles à leur patrie. C'est donc uniquement à la différente et inégale utilité dont l'auteur et le général paroissent au public après leur mort qu'on doit attribuer cette successive supériorité de gloire qu'en des temps différents ils obtiennent tour-à-tour l'un sur l'autre.

Voilà par quelle raison tant de rois déifiés sur le trône ont été oubliés immédiatement après leur mort; voilà pourquoi le nom des écrivains illustres, qui de leur vivant se trouve si rarement à côté de celui des princes, s'est, à la mort de ces écrivains, si souvent confondu avec ceux des plus grands rois; pourquoi le nom de Confucius est plus connu, plus respecté en Europe, que celui d'aucun des empereurs de la Chine; et pourquoi l'on cite les noms d'Horace et de Virgile à côté de celui d'Auguste.

Qu'on applique à l'éloignement des lieux ce que je dis de l'éloignement des temps; qu'on se demande pourquoi le savant illustre est moins estimé de sa nation que le ministre habile; et par quelle raison un Rosny, plus honoré chez nous qu'un Descartes, est moins considéré de l'étranger : c'est, répondrai-je, qu'un grand ministre n'est guere utile qu'à son pays; et qu'en perfectionnant l'instrument propre à la culture des arts et des sciences, en habituant l'esprit humain à plus d'ordre et de justesse, Descartes s'est rendu plus utile à l'univers, et doit par conséquent en être plus respecté.

Mais, dira-t-on, si, dans tous leurs jugements, les nations ne consultoient jamais que leur intérêt, pourquoi le laboureur et le vigneron, plus utiles sans doute que le poëte et le géometre, en seroient-ils moins estimés?

C'est que le public sent confusément que l'estime est entre ses mains un trésor imaginaire, qui n'a de valeur réelle qu'autant qu'il en fait une distribution sage et ménagée; que par conséquent il ne doit point attacher d'estime à des travaux dont tous les hommes sont capables. L'estime alors, devenue trop commune, perdroit, pour ainsi dire,. toute sa vertu ; elle ne féconderoit plus les germes d'esprit et de probité répandus dans toutes les ames, êt ne produiroit plus enfin ces hommes illustres en tous les genres qu'anime à la poursuite de la gloire la difficulté de l'obtenir. Le public apperçoit donc qu'à l'égard de l'agriculture c'est l'art et non l'artiste qu'on doit honorer ; et que, s'il a jadis, sous les noms de Cérès et de Bacchus, déifié le premier laboureur et le premier vigneron, cet honneur, si justement accordé aux inventeurs de l'agriculture, ne doit point être prodigué à des manœuvres.

Dans tout pays où le paysan n'est point surchargé d'impôts, l'espoir du gain, attaché à celui de la récolte, suffit pour l'engager à la culture des terres; et j'en conclus que, dans certains cas, comme l'a déja fait voir M. Duclos (1), il est de l'intérêt des nations de proportionner leur estime, non seulement à l'utilité d'un art, mais encore à sa difficulté.

Qui doute qu'un recueil de faits tel que celui de la *Bibliotheque orientale* ne soit aussi instructif, aussi agréable, et par conséquent aussi utile, qu'une excellente tragédie? Pourquoi donc le public a-t-il plus d'estime pour le

(1) Voyez son excellent ouvrage, intitulé *Considérations sur les mœurs de ce siecle.*

poëte tragique que pour le savant compilateur ? C'est qu'assuré, par le grand nombre des entreprises comparé au petit nombre des succès, de la difficulté du genre dramatique, le public sent que, pour former des Corneille, des Racine, des Crébillon et des Voltaire, il doit attacher infiniment plus de gloire à leurs succès ; et qu'au contraire il suffit d'honorer les simples compilateurs du plus foible genre d'estime, pour être abondamment pourvu de ces ouvrages, dont tous les hommes sont capables, et qui ne sont proprement que l'œuvre du temps et de la patience.

Parmi les savants, tous ceux qui, totalement privés des lumieres philosophiques, ne font que rassembler dans des recueils les faits épars dans les ruines de l'antiquité, sont, par rapport à l'homme d'esprit, ce que les tireurs de pierre sont par rapport à l'architecte; ce sont eux qui fournissent les matériaux des édifices; sans eux l'architecte seroit inutile. Mais peu d'hommes peuvent devenir bons architectes; tous sont propres à tirer la pierre : il est donc de l'intérêt du public d'accorder aux premiers une paie d'estime proportionnée à la difficulté de leur art. C'est par ce même motif, et parceque l'esprit d'invention et de système ne s'acquiert ordinairement que par de longues et pénibles méditations, qu'on attache plus d'estime à ce genre d'esprit qu'à tout autre ; et qu'enfin, dans tous les genres d'une utilité à-peu-près pareille, le public proportionne toujours son estime à l'inégale difficulté de ces divers genres.

Je dis d'une utilité à-peu-près pareille, parceque, s'il étoit possible d'imaginer une sorte d'esprit absolument inutile, quelque difficile qu'il fût d'y exceller, le public n'accorderoit aucune estime à un pareil talent; il traiteroit celui qui l'auroit acquis comme Alexandre traita cet homme qui devant lui dardoit, dit-on, avec une adresse merveilleuse, des grains de millet à travers le trou d'une aiguille, et qui n'obtint de l'équité du prince qu'un boisseau de millet pour récompense.

La contradiction qu'on croit quelquefois appercevoir entre l'intérêt et les jugements du public n'est donc jamais qu'apparente. L'intérêt public, comme je m'étois proposé de le prouver, est donc le seul distributeur de l'estime accordée aux différentes sortes d'esprit.

CHAPITRE XIII.

De la Probité par rapport aux siecles et aux peuples divers.

Dans tous les siecles et les pays divers la probité ne peut être que l'habitude des actions utiles à sa nation. Quelque certaine que soit cette proposition, pour en faire sentir plus évidemment la vérité, je tâcherai de donner des idées nettes et précises de la vertu.

Pour cet effet j'exposerai les deux sentiments qui sur ce sujet ont jusqu'à présent partagé les moralistes.

Les uns soutiennent que nous avons de la vertu une idée absolue et indépendante des siecles et des gouvernements divers; que la vertu est toujours une et toujours la même. Les autres soutiennent, au contraire, que chaque nation s'en forme une idée différente.

Les premiers apportent en preuve de leurs opinions les rêves ingénieux, mais inintelligibles, du platonisme. La vertu, selon eux, n'est autre chose que l'idée même de l'ordre, de l'harmonie, et d'un beau essentiel. Mais ce beau est un mystere dont ils ne peuvent donner d'idée précise : aussi n'établissent-ils point leur système sur la connoissance que l'histoire nous donne du cœur et de l'esprit humain.

Les seconds, et parmi eux Montaigne, avec des armes d'une trempe plus forte que des raisonnements, c'est-à-dire avec des faits, attaquent l'opinion des premiers, font voir qu'une action vertueuse au nord est vicieuse au midi, et en concluent que l'idée de la vertu est purement arbitraire.

Telles sont les opinions de ces deux especes de philosophes. Ceux-là, pour n'avoir pas consulté l'histoire, errent encore dans le dédale d'une métaphysique de mots; ceux-ci, pour n'avoir point assez profondément examiné les faits que l'histoire présente, ont pensé que le caprice seul décidoit de la bonté ou de la méchanceté des actions humaines. Ces deux sectes de philosophes se sont également trompées; mais l'une et l'autre auroient échappé à l'erreur, s'ils avoient considéré d'un œil attentif l'histoire du monde. Alors ils auroient senti que les siecles doivent nécessairement amener dans le physique et le moral des révolutions qui changent la face des empires; que, dans les grands bouleversements, les intérêts d'un peuple éprouvent toujours de grands changements ; que les mêmes actions peuvent lui devenir successivement utiles et nuisibles, et par conséquent prendre tour-à-tour le nom de vertueuses et de vicieuses.

Conséquemment à cette observation, s'ils eussent voulu se former de la vertu une idée purement abstraite, et indépendante de la pratique, ils auroient reconnu que par ce mot de vertu l'on ne peut entendre que le desir du bonheur général ; que par conséquent le bien public est l'objet de la vertu, et que les actions qu'elle commande sont les moyens dont elle se sert pour remplir cet objet ; qu'ainsi l'idée de la vertu n'est point arbitraire ; que, dans les siecles et les pays divers, tous les hommes, du moins ceux qui vivent en société, ont dû s'en former la même idée ; et qu'enfin, si les peuples se la représentent sous des formes différentes, c'est qu'ils prennent pour la vertu même les divers moyens dont elle se sert pour remplir son objet.

Cette définition de la vertu en donne, je pense, une idée nette, simple, et conforme à l'expérience ; conformité qui peut seule constater la vérité d'une opinion.

La pyramide de Vénus-Uranie, dont la cime se perdoit dans les cieux, et dont la base étoit appuyée sur la terre, est l'emblême de tout système, qui s'écroule à mesure qu'on l'édifie, s'il ne porte sur la base inébranlable des faits et de l'expérience. C'est aussi sur des faits, c'est-à-dire sur la folie et la bizarrerie jusqu'à présent inexplicables des lois et des usages divers, que j'établis la preuve de mon opinion.

Quelque stupides qu'on suppose les peuples, il est certain qu'éclairés par leurs intérêts, ils n'ont point adopté sans motifs les coutumes ridicules qu'on trouve établies chez quelques uns d'eux : la bizarrerie de ces coutumes tient donc à la diversité des intérêts des peuples. En effet, s'ils ont toujours confusément entendu par le mot de vertu le desir du bonheur public, s'ils n'ont en conséquence donné le nom d'honnêtes qu'aux actions utiles à la patrie, et si l'idée d'utilité a toujours été secrètement associée à l'idée de vertu, on peut assurer que les coutumes les plus ridicules, et même les plus cruelles, ont, comme je vais le montrer par quelques exemples, toujours eu pour fondement l'utilité réelle ou apparente du bien public.

Le vol étoit permis à Sparte; on n'y

punissoit que la mal-adresse du voleur surpris (1). Quoi de plus bizarre que cette coutume ? Cependant, si l'on se rappelle les lois de Lycurgue, et le mépris qu'on avoit pour l'or et l'argent dans une république où les lois ne donnoient cours qu'à une monnoie d'un fer lourd et cassant, on sentira que les vols de poules et de légumes

(1) Le vol est pareillement en honneur au royaume de Congo; mais il ne doit point être fait à l'insu du possesseur de la chose volée : il faut tout ravir de force. Cette coutume, disent-ils, entretient le courage des peuples. Chez les Scythes, au contraire, nul crime plus grand que le vol ; et leur maniere de vivre exigeoit qu'on le punît sévèrement. Leurs troupeaux erroient çà et là dans les plaines : quelle facilité à dérober, et quel désordre, si l'on eût toléré de pareils vols ! Aussi, dit Aristote, a-t-on chez eux établi la loi pour gardienne des troupeaux.

étoient les seuls qu'on y pût commettre. Toujours faits avec adresse, souvent niés avec fermeté (1), de pareils vols entretenoient les Lacédémoniens dans l'habitude du courage et de la vigilance. La loi qui permettoit le vol pouvoit donc être très utile à ce peuple, qui n'avoit pas moins à redouter de la trahison des ilotes que de l'ambition des Perses, et qui ne pouvoit opposer aux attentats des uns, comme aux armées innombrables des autres, que le boulevard de ces deux vertus. Il est donc certain que le vol, nuisible à tout peuple riche, mais utile à Sparte, y devoit être honoré.

(1) Tout le monde sait le trait qu'on raconte d'un jeune Lacédémonien qui, plutôt que d'avouer son larcin, se laissa, sans crier, dévorer le ventre par un jeune renard qu'il avoit volé et caché sous sa robe.

A la fin de l'hiver, lorsque la disette des vivres contraint le sauvage à quitter sa cabane, et que la faim lui commande d'aller à la chasse faire de nouvelles provisions, quelques unes des nations sauvages s'assemblent avant leur départ, font monter leurs sexagénaires sur des chênes, et font secouer ces chênes par des bras nerveux; la plupart des vieillards tombent, et sont massacrés dans le moment même de leur chûte. Ce fait est connu, et rien ne paroît d'abord plus abominable que cette coutume : cependant quelle surprise lorsqu'après avoir remonté à son origine on voit que le sauvage regarde la chûte de ces malheureux vieillards comme la preuve de leur impuissance à soutenir les fatigues de la chasse ! Les laissera-t-il, dans des cabanes ou des forêts, en proie à la famine ou aux bêtes féroces ? Il aime mieux leur épargner la durée et la violence des douleurs, et, par des parricides prompts et nécessaires, arracher leurs peres aux horreurs d'une mort trop cruelle et trop lente. Voilà le principe d'une coutume si exécrable ; voilà comme un peuple vagabond, que la chasse et le besoin de vivres retiennent six mois dans des forêts immenses, se trouve, pour ainsi dire, nécessité à cette barbarie, et comment en ces pays le parricide est inspiré et commis par le même principe d'humanité qui nous le fait regarder avec horreur (1).

(1) Au royaume de Juida, en Afrique, on ne donne aucun seçours aux malades ; ils guérissent comme ils peuvent ; et, lorsqu'ils sont rétablis, ils n'en vivent pas moins cordialement avec ceux qui les ont ainsi abandonnés.

Les habitants du Congo tuent les malades

Mais, sans avoir recours aux nations sauvages, qu'on jette les yeux sur un pays policé, tel que la Chine; qu'on se demande pourquoi l'on y donne aux peres le droit de vie et de mort sur leurs enfants; et l'on verra que les terres de cet empire, quelque étendues qu'elles soient, n'ont pu quelquefois subvenir qu'avec peine aux besoins de ses nombreux habitants: or, comme la trop grande disproportion entre la multiplicité des hommes et la fécondité des terres occasionneroit nécessairement des guerres funestes à cet empire, et peut-être

qu'ils imaginent ne pouvoir en revenir: c'est, disent-ils, pour leur épargner les douleurs de l'agonie.

Dans l'île Formose, lorsqu'un homme est dangereusement malade, on lui passe un nœud coulant au cou, et on l'étrangle pour l'arracher à la douleur.

même à l'univers, on conçoit que, dans un instant de disette, et pour prévenir une infinité de meurtres et de malheurs inutiles, la nation chinoise, humaine dans ses intentions, mais barbare dans le choix des moyens, a pu, par le sentiment d'une humanité peu éclairée, regarder ces cruautés comme nécessaires au repos du monde. « J'y sacrifie, s'est-elle dit, quelques
« victimes infortunées auxquelles l'en-
« fance et l'ignorance dérobent la
« connoissance et les horreurs de la
« mort, en quoi consiste peut-être ce
« qu'elle a de plus redoutable (1). »

(1) La maniere de se défaire des filles dans les pays catholiques est de les forcer à prendre le voile. Plusieurs passent ainsi une vie malheureuse, en proie au désespoir. Peut-être notre coutume à cet égard est-elle plus barbare que celle des Chinois.

C'est sans doute au desir de s'opposer à la trop grande multiplication des hommes, et par conséquent à la même origine, qu'on doit attribuer la vénération ridicule que certains peuples d'Afrique conservent encore aujourd'hui pour des solitaires qui s'interdisent avec les femmes le commerce qu'ils se permettent avec les brutes.

Ce fut pareillement le motif de l'intérêt public, et le desir de protéger la pudique beauté contre les attentats de l'incontinence, qui jadis engagea les Suisses à publier un édit par lequel il étoit non seulement permis mais même ordonné à chaque prêtre de se pourvoir d'une concubine (1).

(1) Zwingle, en écrivant aux Cantons suisses, leur rappelle l'édit fait par leurs ancêtres, qui enjoignoit à chaque prêtre d'avoir sa concubine, de peur qu'il n'at-

Sur les côtes du Coromandel, où les femmes s'affranchissoient par le poison du joug importun de l'hymen, ce fut enfin le même motif qui, par un remede aussi odieux que le mal, engagea le législateur à pourvoir à la sûreté des maris, en forçant les femmes de se brûler sur le tombeau de leurs époux (1).

tentât à la pudicité de son prochain. *Fra-Paolo*, *Histoire du concile de Trente*, *liv. I.*

Il est dit, au dix-septieme canon du concile de Tolede, « que celui qui se contente « d'une seule femme, à titre d'épouse ou « de concubine, à son choix, ne sera pas « rejeté de la communion ». C'étoit apparemment pour mettre la femme mariée à l'abri de toute insulte qu'alors l'église toléroit les concubines.

(1) Les femmes de Mezurado sont brûlées avec leurs époux. Elles demandent

D'accord avec mes raisonnements, tous les faits que je viens de citer concourent à prouver que les coutumes, même les plus cruelles et les plus folles, ont toujours pris leur source dans l'utilité réelle ou du moins apparente du public.

Mais, dira-t-on, ces coutumes n'en sont pas moins odieuses ou ridicules. Oui, parceque nous ignorons les motifs de leur établissement, et parceque ces coutumes, consacrées par leur antiquité ou par la superstition, ont, par la négligence ou la foiblesse des gouvernements, subsisté long-temps après que les causes de leur établissement avoient disparu.

Lorsque la France n'étoit, pour ainsi dire, qu'une vaste forêt, qui

elles-mêmes l'honneur du bûcher; mais elles font en même temps tout ce qu'elles peuvent pour s'échapper.

doute que ces donations de terres en friche faites aux ordres religieux ne dussent alors être permises, et que la prorogation d'une pareille permission ne fût maintenant aussi absurde et aussi nuisible à l'état qu'elle pouvoit être sage et utile lorsque la France étoit encore inculte? Toutes les coutumes qui ne procurent que des avantages passagers sont comme des échafauds qu'il faut abattre quand les palais sont élevés.

Rien de plus sage au fondateur de l'empire des incas que de s'annoncer d'abord aux Péruviens comme le fils du Soleil, et de leur persuader qu'il leur apportoit les lois que lui avoit dictées le dieu son pere. Ce mensonge imprimoit aux sauvages plus de respect pour sa législation; ce mensonge étoit donc trop utile à cet état naissant pour ne devoir point être regardé comme vertueux. Mais, après avoir assis les fondements d'une bonne législation, après s'être assuré par la forme même du gouvernement de l'exactitude avec laquelle les lois seroient toujours observées, il falloit que, moins orgueilleux, ou plus éclairé, ce législateur prévît les révolutions qui pourroient arriver dans les mœurs et les intérêts de ses peuples, et les changements qu'en conséquence il faudroit faire dans ses lois; qu'il déclarât à ces mêmes peuples, par lui ou par ses successeurs, le mensonge utile et nécessaire dont il s'étoit servi pour les rendre heureux; que, par cet aveu, il ôtât à ses lois le caractere de divinité qui, les rendant sacrées et inviolables, devoit s'opposer à toute réforme, et qui peut-être eût un jour rendu ces mêmes lois nuisibles à l'état, si, par le débarquement des Européens, cet empire n'eût été détruit presque aussitôt que formé.

L'intérêt des états est, comme toutes les choses humaines, sujet à mille révolutions. Les mêmes lois et les mêmes coutumes deviennent successivement utiles et nuisibles au même peuple : d'où je conclus que ces lois doivent être tour-à-tour, adoptées et rejetées, et que les mêmes actions doivent successivement porter les noms de vertueuses ou de vicieuses; proposition qu'on ne peut nier sans convenir qu'il est des actions à-la-fois vertueuses et nuisibles à l'état, sans saper par conséquent les fondements de toute législation et de toute société.

La conclusion générale de tout ce que je viens de dire, c'est que la vertu n'est que le desir du bonheur des hommes; et qu'ainsi la probité, que je regarde comme la vertu mise en action, n'est, chez tous les peuples et dans tous les gouvernements divers, que l'habitude des actions utiles à sa nation (1).

Quelque évidente que soit cette conclusion, comme il n'est point de nation qui ne connoisse et ne confonde ensemble deux différentes especes de vertu, l'une que j'appellerai *vertu de préjugé*, et l'autre *vraie vertu*; je crois, pour ne laisser rien à desirer, à ce sujet, devoir examiner la nature de ces différentes sortes de vertu.

(1) Je crois qu'il n'est pas nécessaire d'avertir que je ne parle ici que de la probité politique, et non de la probité religieuse, qui se propose d'autres fins, se prescrit d'autres devoirs, et tend à des objets plus sublimes.

CHAPITRE XIV.

Des vertus de préjugé, et des vraies vertus.

Je donne le nom de vertus de préjugé à toutes celles dont l'observation exacte ne contribue en rien au bonheur public ; telles sont la chasteté des vestales, les austérités de ces fakirs insensés dont l'Inde est peuplée ; vertus qui, souvent indifférentes, et même nuisibles à l'état, font le supplice de ceux qui s'y vouent. Ces fausses vertus sont, dans la plupart des nations, plus honorées que les vraies vertus, et ceux qui les pratiquent en plus grande vénération que les bons citoyens.

Personne de plus honoré dans

l'Indoustan que les bramines (1) : on y adore jusqu'à leurs nudités (2); on y respecte aussi leurs pénitences, et ces pénitences sont réellement affreuses (3) : les uns restent toute leur vie

(1) Les bramines ont le privilege exclusif de demander l'aumône. Ils exhortent à la donner, et ne la donnent pas.

(2) « Pourquoi, disent ces bramines, devenus hommes, aurions-nous honte d'aller nûds, puisque nous sommes sortis nuds et sans honte du ventre de notre mere? »

Les Caraïbes n'ont pas moins de honte d'un vêtement que nous en aurions de la nudité. Si la plupart des sauvages couvrent certaines parties de leur corps, ce n'est point en eux l'effet d'une pudeur naturelle, mais de la délicatesse, de la sensibilité de certaines parties, et de la crainte de se blesser en traversant les bois et les halliers.

(3) Il est, au royaume de Pégu, de

attachés à un arbre; les autres se balancent sur les flammes; ceux-ci portent des chaînes d'un poids énorme; ceux-là ne se nourrissent que de liquides; quelques uns se ferment la bouche d'un cadenas; et quelques autres s'attachent une clochette au prépuce : il est d'une femme de bien d'aller en dévotion baiser cette clochette; et c'est un honneur aux peres de prostituer leurs filles à des fakirs.

Entre les actions ou les coutumes auxquelles la superstition attache le

anachoretes, nommés *Santons*; ils ne demandent jamais rien, dussent-ils mourir de faim. On prévient, à la vérité, tous leurs desirs. Quiconque se confesse à eux ne peut être puni, quelque crime qu'il ait commis. Ces santons logent à la campagne dans des troncs d'arbres. Après leur mort on les honore comme des dieux.

nom de sacrées, une des plus plaisantes, sans contredit, est celle des Juibus, prêtresses de l'île Formose. « Pour officier dignement, et mériter « la vénération des peuples, elles doi- « vent, après des sermons, des con- « torsions et des hurlements, s'écrier « qu'elles voient leurs dieux. Ce cri « jeté, elles se roulent par terre, « montent sur le toit des pagodes, « découvrent leur nudité, se claquent « les fesses, lâchent leur urine, des- « cendent nues, et se lavent en pré- « sence de l'assemblée (1). »

Trop heureux encore les peuples chez qui du moins les vertus de préjugé ne sont que ridicules; souvent elles sont barbares (2). Dans la capi-

(1) Voyages de la compagnie des Indes hollandaises.

(2) Les femmes de Madagascar croient aux heures, aux jours heureux ou mal-

tale du Cochin, l'on éleve des crocodiles ; et quiconque s'expose à la fureur de ces animaux, et s'en fait

heureux. C'est un devoir de religion, lorsqu'elles accouchent dans les heures ou jours malheureux, d'exposer leurs enfants aux bêtes, de les enterrer, ou de les étouffer.

Dans un des temples de l'empire du Pégu on éleve des vierges. Tous les ans, à la fête de l'idole, on sacrifie une de ces infortunées. Le prêtre, en habits sacerdotaux, la dépouille, l'étrangle, arrache son cœur, et le jette au nez de l'idole. Le sacrifice fait, les prêtres dînent, prennent des habits d'une forme horrible, et dansent devant le peuple. Dans les autres temples du même pays on ne sacrifie que des hommes. On achete pour cet effet un esclave, beau, bien fait. Cet esclave, vêtu d'une robe blanche, lavé pendant trois matinées, est ensuite montré au peuple. Le quarantieme jour les prêtres dévorer, est compté parmi les élus. Au royaume de Martemban, c'est un acte de vertu, le jour qu'on promene l'idole, de se précipiter sous les roues du chariot, ou de se couper la gorge à son passage : qui se voue à cette mort est réputé saint, et son nom est à cet effet inscrit dans un livre.

Or, s'il est des vertus il est aussi des crimes de préjugé. C'en est un pour un bramine d'épouser une vierge. Dans l'île Formose, si, pendant les

lui ouvrent le ventre, arrachent son cœur, barbouillent l'idole de son sang, et mangent sa chair comme sacrée. « Le sang « innocent, disent les prêtres, doit cou- « ler en expiation des péchés de la na- « tion; d'ailleurs il faut bien que quel- « qu'un aille près du grand dieu le faire « ressouvenir de son peuple ». Il est bon de remarquer que les prêtres ne se chargent jamais de la commission.

18.

trois mois qu'il est ordonné d'aller nud, un homme est couvert du plus petit morceau de toile, il porte, dit-on, une parure indigne d'un homme. Dans cette même île, c'est un crime aux femmes enceintes d'accoucher avant l'âge de trente-cinq ans. Sont-elles grosses ? elles s'étendent aux pieds de la prêtresse, qui, en exécution de la loi, les y foule jusqu'à ce qu'elles soient avortées.

Au Pégu, lorsque les prêtres ou magiciens ont prédit la convalescence ou la mort d'un malade (1), c'est un crime au malade condamné d'en

(1) Lorsqu'un Giague est mort on lui demande pourquoi il a quitté la vie. Un prêtre, contrefaisant la voix du mourant, répond qu'il n'a pas assez fait de sacrifices à ses ancêtres. Ces sacrifices font une partie considérable du revenu des prêtres.

revenir. Dans sa convalescence chacun le fuit et l'injurie. S'il eût été bon, disent les prêtres, Dieu l'eût reçu en sa compagnie.

Il n'est peut-être point de pays où l'on n'ait pour quelques uns de ces crimes de préjugé plus d'horreur que pour les forfaits les plus atroces et les plus nuisibles à la société.

Chez les Giagues, peuple anthropophage qui dévore ses ennemis vaincus, on peut sans crime, dit le P. Cavazi, piler ses propres enfants dans un mortier, avec des racines, de l'huile et des feuilles; les faire bouillir, en composer une pâte dont on se frotte pour se rendre invulnérable: mais ce seroit un sacrilege abominable que de ne pas massacrer au mois de mars, à coups de bêche, un jeune homme et une jeune femme devant la reine du pays. Lorsque les grains sont mûrs, la reine, entourée de ses courtisans, sort de son palais, égorge ceux qui se trouvent sur son passage, et les donne à manger à sa suite. Ces sacrifices, dit-elle, sont nécessaires pour appaiser les mânes de ses ancêtres, qui voient avec regret des gens du commun jouir d'une vie dont ils sont privés : cette foible consolation peut seule les engager à bénir la récolte.

Aux royaumes de Congo, d'Angole et de Matamba, le mari peut sans honte vendre sa femme, le pere son fils, le fils son pere. Dans ces pays on ne connoît qu'un seul crime (1); c'est de

(1) Au royaume de Lao, les talapoins, prêtres du pays, ne peuvent être jugés que par le roi lui-même. Ils se confessent tous les mois. Fideles à cette observance, ils peuvent d'ailleurs commettre impunément mille abominations. Ils aveuglent tellement les princes, qu'un talapoin con-

refuser les prémices de sa récolte au chitombé, grand-prêtre de la nation. Ces peuples, dit le P. Labat, si dépourvus de toutes vraies vertus, sont très scrupuleux observateurs de cet usage. On juge bien qu'uniquement occupé de l'augmentation de ses revenus c'est tout ce que leur recommande le chitombé (1). Il ne desire

vaincu de fausse monnoie fut renvoyé absous par le roi. Les séculiers, disoit-il, auroient dû lui faire de plus grands présents. Les plus considérables du pays tiennent à grand honneur de rendre aux talapoins les services les plus bas. Aucun d'eux ne se vêtiroit d'un habit qui n'eût pas été quelque temps porté par un talapoin.

(1) Ce chitombé entretient jour et nuit un feu sacré dont il vend les tisons fort cher. Celui qui les achete se croit à l'abri de tout accident. Ce grand-prêtre ne re-

point que ces negres soient plus éclairés ; il craindroit même que des idées trop saines de la vertu ne diminuassent et la superstition et le tribut qu'elle lui paie.

Ce que j'ai dit des crimes et des vertus de préjugé suffit pour faire sentir la différence de ces vertus aux vraies vertus, c'est-à-dire à celles qui sans cesse ajoutent à la félicité publique, et sans lesquelles les sociétés ne peuvent subsister.

Conséquemment à ces deux différentes especes de vertu, je distinguerai

connoît aucun juge. Lorsqu'il s'absente pour visiter les pays de sa domination, l'on est obligé, sous peine de mort, de garder la continence. Les negres sont persuadés que s'il mouroit de mort naturelle cette mort entraîneroit la ruine de l'univers. Aussi le successeur désigné l'égorge-t-il dès qu'il est malade.

deux différentes especes de corruption de mœurs ; l'une que j'appellerai *corruption religieuse*, et l'autre *corruption politique*. Cette distinction m'est nécessaire : 1°. parceque je considere la probité philosophiquement, et indépendamment des rapports que la religion a avec la société ; ce que je prie le lecteur de ne pas perdre de vue dans tout le cours de cet ouvrage : 2°. pour éviter la contradiction perpétuelle qui se trouve chez les nations idolâtres entre les principes de la religion et ceux de la politique et de la morale. Mais, avant d'entrer dans cet examen, je déclare que c'est en qualité de philosophe, et non de théologien, que j'écris ; et qu'ainsi je ne prétends, dans ce chapitre et les suivants, traiter que des vertus purement humaines. Cet avertissement donné, j'entre en matiere ; et je dis qu'en fait de mœurs on donne le nom de corruption religieuse à toute espece de libertinage, et principalement à celui des hommes avec les femmes. Cette espece de corruption, dont je ne suis-point l'apologiste, et qui est sans doute criminelle puisqu'elle offense Dieu, n'est cependant point incompatible avec le bonheur d'une nation. Différents peuples ont cru et croient encore que cette espece de corruption n'est pas criminelle. Elle l'est sans doute en France, puisqu'elle blesse les lois du pays; mais elle le seroit moins si les femmes étoient communes, et les enfants déclarés enfants de l'état : ce crime alors n'auroit politiquement plus rien de dangereux. En effet, qu'on parcoure la terre, on la voit peuplée de nations différentes, chez lesquelles ce que nous appelons le libertinage, non seulement n'est pas regardé comme une corruption de mœurs, mais se trouve autorisé par les lois, et même consacré par la religion.

Sans compter, en Orient, les serrails qui sont sous la protection des lois; au Tunquin, où l'on honore la fécondité, la peine imposée par la loi aux femmes stériles, c'est de chercher et de présenter à leurs époux des filles qui leur soient agréables. En conséquence de cette législation, les Tunquinois trouvent les Européens ridicules de n'avoir qu'une femme; ils ne conçoivent pas comment parmi nous des hommes raisonnables croient honorer Dieu par le vœu de chasteté; ils soutiennent que, lorsqu'on le peut, il est aussi criminel de ne pas donner la vie à qui ne l'a pas que de l'ôter à ceux qui l'ont déjà.(1).

(1) Chez les Giagues, lorsqu'on apper-

C'est pareillement sous la sauvegarde des lois que les Siamoises, la gorge et les cuisses à moitié découvertes, portées dans les rues sur des palanquins, s'y présentent dans des attitudes très lascives. Cette loi fut établie par une de leurs reines, nommée *Tirada*, qui, pour dégoûter les hommes d'un amour plus déshonnête, crut devoir employer toute la puissance de la beauté. Ce projet, disent les Siamoises, lui réussit. Cette loi, ajoutent-elles, est d'ailleurs assez sage : il est agréable aux hommes d'avoir des desirs, aux femmes de les exciter. C'est le bonheur des deux sexes, le seul bien que le ciel mêle

çoit dans une fille les marques de la fécondité, l'on fait une fête. Lorsque ces marques disparoissent on fait mourir ces femmes, comme indignes d'une vie qu'elles ne peuvent plus procurer.

aux maux dont il nous afflige : et quelle ame assez barbare voudroit encore nous le ravir (1) ?

Au royaume de Batimena (2), toute femme, de quelque condition qu'elle soit, est, par la loi, et sous peine de

(1) Un homme d'esprit disoit à ce sujet qu'il faut sans contredit défendre aux hommes tout plaisir contraire au bien général; mais qu'avant cette défense il falloit, par mille efforts d'esprit, tâcher de concilier ce plaisir avec le bonheur public. « Les hommes, ajoutoit-il, sont
« si malheureux, qu'un plaisir de plus
« vaut bien la peine qu'on essaie de le
« dégager de ce qu'il peut avoir de dan-
« gereux pour un gouvernement ; et
« peut-être seroit-il facile d'y réussir, si
« l'on examinoit dans ce dessein la légis-
« lation des pays où ces plaisirs sont
« permis. »

(2) *Christianisme des Indes*, liv. IV, page 308.

la vie, forcée de céder à l'amour de quiconque la desire; un refus est contre elle un arrêt de mort.

Je ne finirois pas si je voulois donner la liste de tous les peuples qui n'ont pas la même idée que nous de cette espece de corruption de mœurs: je me contenterai donc, après avoir nommé quelques uns des pays où la loi autorise le libertinage, de citer quelques uns de ceux où ce même libertinage fait partie du culte religieux.

Chez les peuples de l'île Formose, l'ivrognerie et l'impudicité sont des actes de religion. « Les voluptés, di-
« sent ces peuples, sont les filles du
« ciel, des dons de sa bonté; en jouir
« c'est honorer la divinité, c'est user
« de ses bienfaits. Qui doute que le
« spectacle des caresses et des jouis-
« sances de l'amour ne plaise aux

« dieux ? Les dieux sont bons, et nos
« plaisirs sont pour eux l'offrande
« la plus agréable de notre recon-
« noissance ». En conséquence de
ce raisonnement, ils se livrent publiquement à toute espece de prostitution (1).

C'est encore pour se rendre les
dieux favorables qu'avant de déclarer la guerre la reine des Giagues
fait venir devant elle les plus belles
femmes et les plus beaux de ses
guerriers, qui, dans des attitudes
différentes, jouissent en sa présence
des plaisirs de l'amour. Que de pays,
dit Cicéron, où la débauche a ses
temples ! Que d'autels élevés à des

(1) Au royaume de Thibet, les filles
portent au cou les dons de l'impudicité,
c'est-à-dire les anneaux de leurs amants.
Plus elles en ont, et plus leurs noces
sont célebres.

femmes prostituées (1) ! Sans rappeler l'ancien culte de Vénus, de Cotytto, les Banians n'honorent-ils pas, sous le nom de la déesse *Banany*, une de leurs reines « qui, selon le témoi-
« gnage de Gemelli Carreri, laissoit
« jouir sa cour de la vue de toutes
« ses beautés, prodiguoit successi-

(1) A Babylone, toutes les femmes, campées près le temple de Vénus, devoient une fois en leur vie obtenir par une prostitution expiatoire la rémission de leurs péchés. Elles ne pouvoient se refuser au desir du premier étranger qui vouloit purifier leur ame par la jouissance de leur corps. On prévoit bien que les belles et les jolies avoient bientôt satisfait à la pénitence ; mais les laides attendoient quelquefois long-temps l'étranger charitable qui devoit les remettre en état de grace.

Les couvents des bonzes sont remplis de religieuses idolâtres : on les y reçoit

« vement ses faveurs à plusieurs
« amants, et même à deux à-la-
« fois. »

Je ne citerai plus à ce sujet qu'un seul fait rapporté par Julius Firmicus Maternus, pere du deuxieme siecle de l'église, dans un traité intitulé *De errore profanarum religionum.*

en qualité de concubines. En est-on las, on les renvoie, et on les remplace. Les portes de ces couvents sont assiégées par ces religieuses, qui, pour y être admises, offrent des présents aux bonzes, qui les reçoivent comme une faveur qu'ils accordent.

Au royaume de Cochin, les bramines, curieux de faire goûter aux jeunes mariées les premiers plaisirs de l'amour, font accroire au roi et au peuple que ce sont eux qu'on doit charger de cette sainte œuvre. Quand ils entrent quelque part, les peres et les maris les laissent avec leurs filles et leurs femmes.

« L'Assyrie, ainsi qu'une partie de
« l'Afrique, dit ce pere, adore l'air
« sous le nom de Junon, ou de Vénus
« vierge. Cette déesse commande aux
« éléments ; on lui consacre des tem-
« ples : ces temples sont desservis par
« des prêtres qui, vêtus et parés com-
« me des femmes, prient la déesse
« d'une voix languissante et effémi-
« née, irritent les desirs des hommes,
« s'y prêtent, se targuent de leur im-
« pudicité, et, après ces plaisirs pré-
« paratoires, croient devoir invoquer
« la déesse à grands cris, jouer des
« instruments, se dire remplis de
« l'esprit de la divinité, et prophé-
« tiser. »

Il est donc une infinité de pays où la corruption des mœurs que j'appelle *religieuse* est autorisée par la loi, ou consacrée par la religion.

Que de maux, dira-t-on, attachés

à cette espece de corruption ! Mais ne pourroit-on pas répondre que le libertinage n'est politiquement dangereux dans un état que lorsqu'il est en opposition avec les lois du pays, ou qu'il se trouve uni à quelque autre vice du gouvernement ? En vain ajouteroit-on que les peuples où regne ce libertinage sont le mépris de l'univers. Mais, sans parler des Orientaux, et des nations sauvages ou guerrieres qui, livrées à toutes sortes de voluptés, sont heureuses au dedans et redoutables au dehors, quel peuple plus célebre que les Grecs ? peuple qui fait encore aujourd'hui l'étonnement, l'admiration et l'honneur de l'humanité. Avant la guerre du Péloponnese, époque fatale à leur vertu, quelle nation et quel pays plus fécond en hommes vertueux et en grands hommes ? On sait cependant le goût des Grecs pour l'amour le plus déshonnête. Ce goût étoit si général, qu'Aristide, surnommé le Juste, cet Aristide qu'on étoit las, disoient les Athéniens, d'entendre toujours louer, avoit cependant aimé Thémistocle. Ce fut la beauté du jeune Stésiléus, de l'île de Céos, qui, portant dans leur ame les desirs les plus violents, alluma entre eux les flambeaux de la haine. Platon étoit libertin. Socrate même, déclaré par l'oracle d'Apollon le plus sage des hommes, aimoit Alcibiade et Archélaüs. Il avoit deux femmes, et vivoit avec toutes les courtisanes. Il est donc certain que, relativement à l'idée qu'on s'est formée des bonnes mœurs, les plus vertueux des Grecs n'eussent passé en Europe que pour des hommes corrompus. Or, cette espece de corruption de mœurs se trouvant en Grece portée au dernier excès, dans le temps même que ce pays produisoit de grands hommes en tout genre, qu'il faisoit trembler la Perse, et jetoit le plus grand éclat, on pourroit penser que la corruption des mœurs à laquelle je donne le nom de *religieuse* n'est point incompatible avec la grandeur et la félicité d'un état.

Il est une autre espece de corruption de mœurs, qui prépare la chûte d'un empire, et en annonce la ruine : je donnerai à celle-ci le nom de *corruption politique*.

Un peuple en est infecté lorsque le plus grand nombre des particuliers qui le composent détachent leurs intérêts de l'intérêt public. Cette espece de corruption, qui se joint quelquefois à la précédente, a donné lieu à bien des moralistes de les confondre. Si l'on ne consulte que l'intérêt politique d'un état, cette derniere seroit peut-être la plus dangereuse. Un peuple, eût-il d'ailleurs les mœurs les plus pures, s'il est attaqué de cette corruption, est nécessairement malheureux au dedans, et peu redoutable au dehors. La durée d'un tel empire dépend du hasard, qui seul en retarde ou en précipite la chûte.

Pour faire sentir combien cette anarchie de tous les intérêts est dangereuse dans un état, considérons le mal qu'y produit la seule opposition des intérêts d'un corps avec ceux de la république; donnons aux bonzes, aux talapoins, toutes les vertus de nos saints : si l'intérêt du corps des bonzes n'est point lié à l'intérêt public; si, par exemple, le crédit du bonze tient à l'aveuglement des peuples; ce bonze, nécessairement ennemi de la nation qui les nourrit, sera, à l'égard de cette nation, ce que les Romains étoient à l'égard du monde; honnêtes entre eux, brigands par rapport à l'univers. Chacun des bonzes eût-il en particulier beaucoup d'éloignement pour les grandeurs, le corps n'en sera pas moins ambitieux; tous ses membres travailleront, souvent sans le savoir, à son agrandissement; ils s'y croiront autorisés par un principe vertueux (1). Il n'est donc rien de plus dangereux dans un état qu'un corps dont l'intérêt n'est pas attaché à l'intérêt général.

Si les prêtres du paganisme firent mourir Socrate, et persécuterent presque tous les grands hommes, c'est que leur bien particulier se trouvoit opposé au bien public, c'est que les prêtres d'une fausse religion ont intérêt

(1) Dans la vraie religion même, il s'est trouvé des prêtres qui, dans les temps d'ignorance, ont abusé de la piété des peuples pour attenter aux droits du sceptre.

de retenir le peuple dans l'aveuglement, et pour cet effet de poursuivre tous ceux qui peuvent l'éclairer : exemple quelquefois imité par les ministres de la vraie religion, qui, sans le même besoin, ont souvent eu recours aux mêmes cruautés, ont persécuté, déprimé les grands hommes, se sont faits les panégyristes des ouvrages médiocres, et les critiques des excellents (1).

(1) Voici comme s'exprime au sujet de M. de Montesquieu le P. Millot, jésuite, dans un discours couronné par l'académie de Dijon, sur la question, *Est-il plus utile d'étudier les hommes que les livres?* « Ces regles de conduite, ces maximes
« de gouvernement, qui devroient être
« gravées sur le trône des rois, et dans
« le cœur de quiconque est revêtu de
« l'autorité, n'est-ce pas à une profonde
« étude des hommes que nous les de-

Quoi de plus ridicule, par exemple, que la défense faite dans certains pays d'y faire entrer aucun exemplaire de *l'Esprit des lois?* ouvrage que plus

« vons ? Témoin cet illustre citoyen, cet
« organe, ce juge des lois, dont la
« France et l'Europe entiere arrosent le
« tombeau de leurs larmes, mais dont
« elles verront toujours le génie éclairer
« les nations, et tracer le plan de la félicité
« publique; écrivain immortel, qui abré-
« geoit tout, parcequ'il voyoit tout; et
« qui vouloit faire penser, parceque nous
« en avons besoin bien plus que de lire.
« Avec quelle ardeur, quelle sagacité,
« avoit-il étudié le genre humain ! Voya-
« geant comme Solon, méditant comme
« Pythagore, conversant comme Platon,
« lisant comme Cicéron, peignant comme
« Tacite, toujours son objet fut l'homme,
« son étude fut celle des hommes; il les
« connut. Déja commencent à germer
« les semences fécondes qu'il jeta dans les

d'un prince fait lire et relire à son fils. Ne peut-on pas, d'après un homme d'esprit, répéter à ce sujet qu'en sollicitant cette défense les moines en ont usé comme les Scythes avec leurs esclaves ? Ils leur crevoient les yeux pour qu'ils tournassent la meule avec moins de distraction.

« esprits modérateurs des peuples et des
« empires. Ah! recueillons-en les fruits
« avec reconnoissance, etc. ». Le P. Millot ajoute dans une note : « Quand un auteur
« d'une probité reconnue, qui pense for-
« tement, et qui s'exprime toujours
« comme il pense, dit en termes for-
« mels, *La religion chrétienne, qui*
« *ne semble avoir d'autre objet que*
« *la félicité de l'autre vie, fait en-*
« *core notre bonheur dans celle-ci;*
« quand il ajoute, en réfutant un para-
« doxe dangereux de Bayle, *Les prin-*
« *cipes du christianisme, bien gravés*

Il paroît donc que c'est uniquement de la conformité ou de l'opposition de l'intérêt des particuliers avec l'intérêt général que dépend le bonheur ou le malheur public, et qu'enfin la corruption religieuse de mœurs peut, comme l'histoire le prouve, s'allier souvent à la magnanimité, à la gran-

« *dans le cœur, seroient infiniment*
« *plus forts que ce faux honneur des*
« *monarchies, ces vertus humaines*
« *des républiques, et cette crainte*
« *servile des états despotiques*, c'est-
« à-dire plus forts que les trois principes
« du gouvernement politique établis dans
« *l'Esprit des lois* ; peut-on accuser un
« tel auteur, si l'on a lu son ouvrage,
« d'avoir prétendu y porter des coups
« mortels au christianisme ? »

(On laisse cette note, quoiqu'elle ne se trouve ni dans l'édition originale, ni dans le manuscrit de l'auteur.)

deur d'ame, à la sagesse, aux talents, enfin à toutes les qualités qui forment les grands hommes.

On ne peut nier que des citoyens tachés de cette espece de corruption de mœurs n'aient souvent rendu à la patrie des services plus importants que les plus séveres anachoretes. Que ne doit-on pas à la galante Circassienne qui, pour assurer sa beauté ou celle de ses filles, a la premiere osé les inoculer? Que d'enfants l'inoculation n'a-t-elle pas arrachés à la mort! Peut-être n'est-il point de fondatrice d'ordre de religieuses qui se soit rendue recommandable à l'univers par un aussi grand bienfait, et qui par conséquent ait autant mérité de sa reconnoissance.

Au reste, je crois devoir encore répéter à la fin de ce chapitre que je n'ai point prétendu me faire l'apologiste de la débauche; j'ai seulement voulu donner des notions nettes de ces deux différentes especes de corruption de mœurs, qu'on a trop souvent confondues, et sur lesquelles on semble n'avoir eu que des idées confuses. Plus instruits du véritable objet de la question, on peut en mieux connoître l'importance, mieux juger du degré de mépris qu'on doit assigner à ces deux différentes sortes de corruption, et reconnoître qu'il est deux especes différentes de mauvaises actions; les unes qui sont vicieuses dans toutes formes de gouvernement, et les autres qui ne sont nuisibles, et par conséquent criminelles, chez un peuple que par l'opposition qui se trouve entre ces mêmes actions et les lois du pays.

Plus de connoissance du mal doit donner aux moralistes plus d'habileté pour la cure. Ils pourront considérer la morale d'un point de vue nouveau, et d'une science vaine faire une science utile à l'univers.

CHAPITRE XV.

De quelle utilité peut être à la morale la connoissance des principes établis dans les chapitres précédents.

Si la morale a jusqu'à présent peu contribué au bonheur de l'humanité, ce n'est pas qu'à d'heureuses expressions, à beaucoup d'élégance et de netteté, plusieurs moralistes n'aient joint beaucoup de profondeur d'esprit et d'élévation d'ame. Mais, quelque supérieurs qu'aient été ces moralistes, il faut convenir qu'ils n'ont pas assez souvent regardé les différents vices des nations comme des dépendances nécessaires de la différente forme de leur gouvernement. Ce n'est cependant qu'en considérant la morale de ce point de vue qu'elle peut devenir réellement utile aux hommes. Qu'ont produit jusqu'aujourd'hui les plus belles maximes de morale ? Elles ont corrigé quelques particuliers de défauts que peut-être ils se reprochoient : d'ailleurs elles n'ont produit aucun changement dans les mœurs des nations. Quelle en est la cause ? C'est que les vices d'un peuple sont, si j'ose le dire, toujours cachés au fond de sa législation ; c'est là qu'il faut fouiller pour arracher la racine productrice de ses vices. Qui n'est doué ni des lumieres ni du courage nécessaires pour l'entreprendre n'est en ce genre de presque aucune utilité à l'univers. Vouloir détruire des vices attachés à la législation d'un peuple sans faire aucun changement dans cette législation, c'est prétendre à l'impossible, c'est rejeter les conséquences justes des principes qu'on admet.

Qu'espérer de tant de déclamations contre la fausseté des femmes, si ce vice est l'effet nécessaire d'une contradiction entre les desirs de la nature et les sentiments que, par les lois et la décence, les femmes sont contraintes d'affecter? Dans le Malabar, à Madagascar, si toutes les femmes sont vraies, c'est qu'elles y satisfont sans scandale toutes leurs fantaisies, qu'elles ont mille galants, et ne se déterminent au choix d'un époux qu'après des essais répétés. Il en est de même des sauvages de la nouvelle Orléans, de ces peuples où les parentes du grand Soleil, les princesses du sang, peuvent, lorsqu'elles se dégoûtent de leurs maris, les répudier pour en épouser d'autres. En de tels pays on ne trouve point de femmes fausses, parcequ'elles n'ont aucun intérêt de l'être.

Je ne prétends pas inférer de ces exemples qu'on doive introduire chez nous de pareilles mœurs : je dis seulement qu'on ne peut raisonnablement reprocher aux femmes une fausseté dont la décence et les lois leur font, pour ainsi dire, une nécessité ; et qu'enfin l'on ne change point les effets en laissant subsister les causes.

Prenons la médisance pour second exemple. La médisance est sans doute un vice ; mais c'est un vice nécessaire, parcequ'en tout pays où les citoyens n'auront point de part au maniement des affaires publiques, ces citoyens, peu intéressés à s'instruire, doivent croupir dans une honteuse paresse. Or, s'il est dans ce pays de mode et d'usage de se jeter dans le monde, et du bon air d'y parler beaucoup, l'ignorant, ne pouvant parler de choses, doit nécessairement parler des personnes. Tout panégyrique est ennuyeux, et toute satyre agréable ; sous peine d'être ennuyeux, l'ignorant est donc forcé d'être médisant : on ne peut donc détruire ce vice sans anéantir la cause qui le produit, sans arracher les citoyens à la paresse, et par conséquent sans changer la forme du gouvernement.

Pourquoi l'homme d'esprit est-il ordinairement moins tracassier dans les sociétés particulieres que l'homme du monde ? C'est que le premier, occupé de plus grands objets, ne parle communément des personnes qu'autant qu'elles ont, comme les grands hommes, un rapport immédiat avec les grandes choses; c'est que l'homme d'esprit, qui ne médit jamais que pour se venger, médit très rarement; lorsque l'homme du monde, au contraire, est presque toujours obligé de médire pour parler.

Ce que je dis de la médisance, je le dis du libertinage, contre lequel les moralistes se sont toujours si violemment déchaînés. Le libertinage est trop généralement reconnu pour être une suite nécessaire du luxe, pour que je m'arrête à le prouver. Or, si le luxe, comme je suis fort éloigné de le penser, mais comme on le croit communément, est très utile à l'état; si, comme il est facile de le montrer, on n'en peut étouffer le goût, et réduire les citoyens à la pratique des lois somptuaires, sans changer la forme du gouvernement; ce ne seroit donc qu'après quelques réformes en ce genre qu'on pourroit se flatter d'éteindre ce goût du libertinage.

Toute déclamation sur ce sujet est théologiquement, mais non politiquement, bonne. L'objet que se proposent la politique et la législation est la grandeur et la félicité temporelle des peuples. Or, relativement à cet objet, je dis que, si le luxe est réellement utile à la France, il seroit ridicule d'y vouloir introduire une rigidité de mœurs incompatible avec le goût du luxe. Nulle proportion entre les avantages que le commerce et le luxe procurent à l'état constitué comme il l'est (avantages auxquels il faudroit renoncer pour en bannir le libertinage), et le mal infiniment petit qu'occasionne l'amour des femmes : c'est se plaindre de trouver dans une mine riche quelques paillettes de cuivre mêlées à des veines d'or. Par-tout où le luxe est nécessaire, c'est une inconséquence politique que de regarder la galanterie comme un vice moral; et, si l'on veut lui conserver le nom de vice, il faut alors convenir qu'il en est d'utiles dans certains siecles et certains pays, et que c'est au limon du Nil que l'Égypte doit sa fertilité.

En effet, qu'on examine politiquement la conduite des femmes galantes, on verra que, blâmables à certains égards, elles sont à d'autres fort utiles au public; qu'elles font, par exemple, de leurs richesses un usage communément plus avantageux à l'état que les femmes les plus sages. Le desir de plaire, qui conduit la femme galante chez le rubanier, chez le marchand d'étoffes ou de modes, lui fait non seulement arracher une infinité d'ouvriers à l'indigence où les réduiroit la pratique des lois somptuaires, mais lui inspire encore les actes de la charité la plus éclairée. Dans la supposition que le luxe soit utile à une nation, ne sont-ce pas les femmes galantes qui, en excitant l'industrie des artisans du luxe, les rendent de jour en jour plus utiles à l'état? Les femmes sages, en faisant des largesses à des mendiants ou à des criminels, sont donc moins bien conseillées par leurs directeurs que les femmes galantes par le desir de plaire: celles-ci nourrissent des citoyens utiles ; et celles-là des hommes inutiles, ou même les ennemis de cette nation.

Il suit, de ce que je viens de dire, qu'on ne peut se flatter de faire aucun changement dans les idées d'un peuple qu'après en avoir fait dans sa législation; que c'est par la réforme des lois qu'il faut commencer la réforme des mœurs; que des déclamations contre un vice utile dans la forme actuelle d'un gouvernement seroient politiquement nuisibles si elles n'étoient vaines : mais elles le seront toujours, parceque la masse d'une nation n'est jamais remuée que par la force des lois. D'ailleurs, qu'il me soit permis de l'observer en passant, parmi les moralistes il en est peu qui sachent, en armant nos passions les unes contre les autres, s'en servir utilement pour faire adopter leur opinion : la plupart de leurs conseils sont trop injurieux. Ils devroient pourtant sentir que des injures ne peuvent avec avantage combattre contre des sentiments; que c'est une passion qui seule peut triompher d'une passion; que, pour inspirer, par exemple, à la femme galante plus de retenue et de modestie vis-à-vis du public, il faut mettre en opposition sa vanité avec sa coquetterie, lui faire sentir que la pudeur est une invention de l'amour et de la volupté raffinée (1);

(1) C'est en considérant la pudeur sous ce point de vue qu'on peut répondre aux arguments des stoïciens et des cyniques, qui soutenoient que l'homme vertueux ne faisoit rien dans son intérieur qu'il ne dût faire à la face des nations, et qui croyoient en conséquence pouvoir se livrer publiquement aux plaisirs de l'amour. Si la plupart des législateurs ont condamné ces principes cyniques, et mis la pudeur au nombre des vertus, c'est, leur répondra-t-on, qu'ils ont craint que le spectacle fréquent de la jouissance ne jetât quelque dégoût sur un plaisir auquel sont attachées la conservation de l'espece et la durée du monde. Ils ont d'ailleurs senti qu'en voilant quelques-uns des appas d'une femme un vêtement la paroit de toutes les beautés dont peut l'embellir une vive imagination; que ce vêtement piquoit la curiosité, rendoit les ca-

que c'est à la gaze dont cette même pudeur couvre les beautés d'une femme que le monde doit la plupart de ses

resses plus délicieuses, les faveurs plus flatteuses, et multiplioit enfin les plaisirs dans la race infortunée des hommes. Si Lycurgue avoit banni de Sparte une certaine espece de pudeur, et si les filles, en présence de tout un peuple, y luttoient nues avec les jeunes Lacédémoniens, c'est que Lycurgue vouloit que les meres, rendues plus fortes par de semblables exercices, donnassent à l'état des enfants plus robustes. Il savoit que, si l'habitude de voir des femmes nues émoussoit le desir d'en connoître les beautés cachées, ce desir ne pouvoit pas s'éteindre, sur-tout dans un pays où les maris n'obtenoient qu'en secret et furtivement les faveurs de leurs épouses. D'ailleurs Lycurgue, qui faisoit de l'amour un des principaux ressorts de sa législation, vouloit qu'il devînt la récompense et non l'occupation des Spartiates.

plaisirs; qu'au Malabar, où les jeunes agréables se présentent demi-nuds dans les assemblées, qu'en certains cantons de l'Amérique, où les femmes s'offrent sans voile aux regards des hommes, les desirs perdent tout ce que la curiosité leur communiqueroit de vivacité; qu'en ces pays la beauté avilie n'a de commerce qu'avec les besoins; qu'au contraire, chez les peuples où la pudeur suspend un voile entre les desirs et les nudités, ce voile mystérieux est le talisman qui retient l'amant aux genoux de sa maîtresse; et que c'est enfin la pudeur qui met aux foibles mains de la beauté le sceptre qui commande à la force. Sachez de plus, diroient-ils à la femme galante, que les malheureux sont en grand nombre; que les infortunés, ennemis nés de l'homme heureux, lui font un crime de son bonheur;

qu'ils haïssent en lui une félicité trop indépendante d'eux; que le spectacle de vos amusements est un spectacle qu'il faut éloigner de leurs yeux; et que l'indécence, en trahissant le secret de vos plaisirs, vous expose à tous les traits de leur vengeance.

C'est en substituant ainsi le langage de l'intérêt au ton de l'injure que les moralistes pourroient faire adopter leurs maximes. Je ne m'étendrai pas davantage sur cet article: je rentre dans mon sujet, et je dis que tous les hommes ne tendent qu'à leur bonheur; qu'on ne peut les soustraire à cette tendance; qu'il seroit inutile de l'entreprendre, et dangereux d'y réussir; que par conséquent on ne peut les rendre vertueux qu'en unissant l'intérêt personnel à l'intérêt général. Ce principe posé, il est évident que la morale n'est qu'une science frivole si l'on ne la confond avec la politique et la législation : d'où je conclus que, pour se rendre utiles à l'univers, les philosophes doivent considérer les objets du point de vue d'où le législateur les contemple. Sans être armés du même pouvoir, ils doivent être animés du même esprit. C'est au moraliste d'indiquer les lois, dont le législateur assure l'exécution par l'apposition du sceau de sa puissance.

Parmi les moralistes il en est peu sans doute qui soient assez fortement frappés de cette vérité ; parmi ceux même dont l'esprit est fait pour atteindre aux plus hautes idées, il en est beaucoup qui, dans l'étude de la morale et les portraits qu'ils font des vices, ne sont animés que par des intérêts personnels et des haines particulieres. Ils ne s'attachent, en conséquence, qu'à la peinture des vices incommodes dans la société; et leur esprit, qui peu-à-peu se resserre dans le cercle de leur intérêt, n'a bientôt plus la force nécessaire pour s'élever jusqu'aux grandes idées. Dans la science de la morale, souvent l'élévation de l'esprit tient à l'élévation de l'ame. Pour saisir en ce genre les vérités réellement utiles aux hommes, il faut être échauffé de la passion du bien général; et malheureusement, en morale comme en religion, il est beaucoup d'hypocrites.

CHAPITRE XVI.

Des Moralistes hypocrites.

J'ENTENDS par hypocrite celui qui, n'étant point soutenu dans l'étude de la morale par le desir du bonheur de l'humanité, est trop fortement occupé de lui-même. Il est beaucoup d'hommes de cette espece. On les reconnoît d'une part à l'indifférence avec laquelle ils considerent les vices destructeurs des empires, et de l'autre à l'emportement avec lequel ils se déchaînent contre des vices particuliers. C'est en vain que de pareils hommes se disent inspirés par la passion du bien public. Si vous étiez, leur répondra-t-on, réellement animés de cette passion, votre haine pour chaque vice seroit toujours proportionnée au mal que ce vice fait à la société : et, si la vue des défauts les moins nuisibles à l'état suffisoit pour vous irriter, de quel œil considéreriez-vous l'ignorance des moyens propres à former des citoyens vaillants, magnanimes et désintéressés ! de quel chagrin seriez-vous affectés lorsque vous apper-

cevriez quelque défaut dans la jurisprudence, ou la distribution des impôts ; lorsque vous en découvririez dans la discipline militaire, qui décide si souvent du sort des batailles et du ravage de plusieurs provinces ! Alors, pénétrés de la plus vive douleur, à l'exemple de Nerva, on vous verroit, détestant la vie, qui vous rend témoins des maux de votre patrie, vous-mêmes en terminer le cours ; ou du moins prendre exemple sur ce Chinois vertueux qui, justement irrité des vexations des grands, se présente à l'empereur, lui porte ses plaintes. « Je
« viens, dit-il, m'offrir au supplice
« auquel de pareilles représentations
« ont fait traîner six cents de mes
« concitoyens ; et je t'avertis de te
« préparer à de nouvelles exécutions:
« la Chine possede encore dix-huit
« mille bons patriotes qui, pour la

« même cause, viendront successi-
« vement te demander le même sa-
« laire ». Il se tait à ces mots; et
l'empereur, étonné de sa fermeté, lui
accorde la récompense la plus flatteuse pour un homme vertueux; la
punition des coupables, et la suppression des impôts.

Voilà de quelle maniere se manifeste
l'amour du bien public. Si vous êtes,
dirois-je à ces censeurs, réellement
animés de cette passion, votre haine
pour chaque vice est proportionnée
au mal que ce vice fait à l'état; si vous
n'êtes vivement affectés que des défauts
qui vous nuisent, vous usurpez le nom
de moralistes, vous n'êtes que des
égoïstes.

C'est donc par un détachement absolu de ses intérêts personnels, par
une étude profonde de la science de
la législation, qu'un moraliste peut

se rendre utile à sa patrie. Il est alors en état de peser les avantages et les inconvénients d'une loi ou d'un usage, et de juger s'il doit être aboli ou conservé. On n'est que trop souvent contraint de se prêter à des abus et même à des usages barbares. Si dans l'Europe on a si long-temps toléré les duels, c'est qu'en des pays où l'on n'est point, comme à Rome, animé de l'amour de la patrie, où la valeur n'est point exercée par des guerres continuelles, les moralistes n'imaginoient peut-être pas d'autres moyens, et d'entretenir le courage dans le cœur des citoyens, et de fournir l'état de vaillants défenseurs. Ils croyoient par cette tolérance acheter un grand bien au prix d'un petit mal : ils se trompoient dans le cas particulier du duel; mais il en est mille autres où l'on est réduit à cette option. Ce n'est souvent qu'au choix fait entre deux maux qu'on reconnoît l'homme de génie. Loin de nous tous ces pédants épris d'une fausse idée de perfection. Rien de plus dangereux dans un état que ces moralistes déclamateurs et sans esprit qui, concentrés dans une petite sphere d'idées, répetent continuellement ce qu'ils ont entendu dire à leurs *mies*, recommandent sans cesse la modération des desirs, et veulent en tous les cœurs anéantir les passions. Ils ne sentent pas que leurs préceptes, utiles à quelques particuliers placés dans certaines circonstances, seroient la ruine des nations qui les adopteroient.

En effet, si, comme l'histoire nous l'apprend, les passions fortes, telles que l'orgueil et le patriotisme chez les Grecs et les Romains, le fanatisme chez les Arabes, l'avarice chez les

Flibustiers, enfantent toujours les guerriers les plus redoutables, tout homme qui ne menera contre de pareils soldats que des hommes sans passions n'opposera que de timides agneaux à la fureur des loups. Aussi la sage nature a-t-elle enfermé dans le cœur de l'homme un préservatif contre les raisonnements de ces philosophes; aussi les nations soumises d'intention à ces préceptes s'y trouvent-elles toujours indociles dans le fait. Sans cette heureuse indocilité, le peuple scrupuleusement attaché à leurs maximes deviendroit le mépris et l'esclave des autres peuples.

Pour déterminer jusqu'à quel point on doit exalter ou modérer le feu des passions, il faut de ces esprits vastes qui embrassent toutes les parties d'un gouvernement. Quiconque en est doué est, pour ainsi dire, désigné par la nature pour remplir auprès du législateur la charge de ministre penseur (1), et justifier ce mot de Cicéron, « qu'un homme d'es-« prit n'est jamais un simple citoyen, « mais un vrai magistrat. »

Avant d'exposer les avantages que procureroient à l'univers des idées plus étendues et plus saines de la morale, je crois pouvoir remarquer en passant que ces mêmes idées jette-teroient infiniment de lumieres sur

(1) On distingue à la Chine deux sortes de ministres : les uns sont les ministres *signeurs* ; ils donnent les audiences et les signatures : les autres portent le nom de ministres *penseurs* ; ils se chargent du soin de former les projets, d'examiner ceux qu'on leur présente, et de proposer les changements que le temps et les circonstances exigent qu'on fasse dans l'administration.

toutes les sciences, et sur-tout sur celle de l'histoire, dont les progrès sont à-la-fois effet et cause des progrès de la morale.

Plus instruits du véritable objet de l'histoire, alors les écrivains ne peindroient de la vie privée d'un roi que les détails propres à faire sortir son caractere ; ils ne décriroient plus si curieusement ses mœurs, ses vices et ses vertus domestiques ; ils sentiroient que le public demande aux souverains compte de leurs édits, et non de leurs soupers ; que le public n'aime à connoître l'homme dans le prince qu'autant que l'homme a part aux délibérations du prince ; et qu'à des anecdotes puériles ils doivent, pour instruire et plaire, substituer le tableau agréable ou effrayant de la félicité ou de la misere publique, et des causes qui les ont produites. C'est à la simple exposition de ce tableau qu'on devroit une infinité de réflexions et de réformes utiles.

Ce que je dis de l'histoire, je le dis de la métaphysique, de la jurisprudence. Il est peu de sciences qui n'aient quelque rapport à celle de la morale. La chaîne qui les lie toutes entre elles a plus d'étendue qu'on ne pense : tout se tient dans l'univers.

CHAPITRE XVII.

Des avantages qui résultent des principes ci-dessus établis.

JE passe rapidement sur les avantages qu'en retireroient les particuliers : ils consisteroient à leur donner des idées nettes de cette même morale dont les préceptes, jusqu'à présent équivoques et contradictoires, ont permis aux plus insensés de justifier toujours la folie de leur conduite par quelques unes de ces maximes.

D'ailleurs, plus instruit de ses devoirs, le particulier seroit moins dépendant de l'opinion de ses amis : à l'abri des injustices que lui font souvent commettre à son insu les sociétés dans lesquelles il vit, il seroit alors en même temps affranchi de la crainte puérile du ridicule; fantôme qu'anéantit la présence de la raison, mais qui est l'effroi de ces ames timides et peu éclairées qui sacrifient leurs goûts, leur repos, leurs plaisirs, et quelquefois même jusqu'à la vertu, à l'humeur et aux caprices de ces atrabilaires à la critique desquels on ne peut échapper quand on a le malheur d'en être connu.

Uniquement soumis à la raison et à la vertu, le particulier pourroit alors braver les préjugés, et s'armer de ces sentiments mâles et courageux qui forment le caractere distinctif de l'homme vertueux; sentiments qu'on desire dans chaque citoyen, et qu'on est en droit d'exiger des grands. Comment l'homme élevé aux premiers postes renversera-t-il les obstacles que certains préjugés mettent au bien général, et résistera-t-il aux menaces, aux cabales des gens puissants, souvent intéressés au malheur public, si son ame n'est inabordable à toute espece de sollicitations, de craintes et de préjugés?

Il paroît donc que la connoissance des principes ci-dessus établis procure du moins cet avantage au particulier, c'est de lui donner une idée nette et sûre de l'honnête, de l'arracher à cet égard à toute espece d'inquiétude, d'assurer le repos de sa conscience, et de lui procurer en conséquence les plaisirs intérieurs et secrets attachés à la pratique de la vertu.

Quant aux avantages qu'en retireroit le public, ils seroient sans doute plus considérables. Conséquemment à ces mêmes principes, on pourroit, si je l'ose dire, composer un catéchisme de probité, dont les maximes simples, vraies, et à la portée de tous les esprits, apprendroient aux peuples que la vertu, invariable dans l'objet qu'elle se propose, ne l'est point dans les moyens propres à remplir cet objet; qu'on doit par conséquent regarder les actions comme indifférentes en elles-mêmes; sentir que c'est au besoin de l'état à déterminer celles qui sont dignes d'estime ou de mépris; et enfin au législateur, par la connoissance qu'il doit avoir de l'intérêt public, à fixer l'instant où chaque action cesse d'être vertueuse, et devient vicieuse.

Ces principes une fois reçus, avec quelle facilité le législateur éteindroit-il les torches du fanatisme et de la superstition, supprimeroit-il les abus, réformeroit-il les coutumes barbares qui, peut-être utiles lors de leur établissement, sont devenues depuis si funestes à l'univers! coutumes qui ne subsistent que par la crainte où l'on est de ne pouvoir les abolir sans soulever les peuples, toujours accoutumés à prendre la pratique de certaines actions pour la vertu même, sans allumer des guerres longues et cruelles, et sans occasionner enfin de ces séditions qui, toujours hasardeuses pour l'homme ordinaire, ne peuvent réellement être prévues et calmées que par des hommes d'un caractere et d'un esprit vaste.

C'est donc en affoiblissant la stupide vénération des peuples pour les lois et les usages anciens qu'on met les souverains en état de purger la terre de la plupart des maux qui la désolent, et qu'on leur fournit les moyens d'assurer la durée des empires.

Maintenant, lorsque les intérêts d'un état sont changés, et que des lois utiles lors de sa fondation lui sont devenues nuisibles, ces mêmes lois, par le respect que l'on conserve toujours pour elles, doivent nécessairement entraîner l'état à sa ruine. Qui doute que la destruction de la république romaine n'ait été l'effet d'une ridicule vénération pour d'anciennes lois, et que cet aveugle respect n'ait forgé les fers dont César chargea sa patrie? Après la destruction de Carthage, lorsque Rome atteignoit au faîte de la grandeur, les Romains, par l'opposition qui se trouvoit alors entre leurs intérêts, leurs mœurs et leurs lois, devoient appercevoir la révolution dont l'empire étoit menacé, et sentir que, pour sauver l'état, la république en corps devoit se presser de faire dans les lois et le gouvernement la réforme qu'exigeoient les temps et les circonstances, et surtout se hâter de prévenir les changements qu'y vouloit apporter l'ambition personnelle, la plus dangereuse des législatrices. Aussi les Romains auroient-ils eu recours à ce remede s'ils avoient eu des idées plus nettes sur la morale. Instruits par l'histoire de tous les peuples, ils auroient apperçu que les mêmes lois qui les avoient portés au dernier degré d'élévation ne pouvoient les y soutenir; qu'un empire est comparable au vaisseau que certains vents ont conduit à certaine hauteur, où, repris par d'autres vents, il est en danger de périr, si, pour se parer du naufrage, le pilote habile et prudent ne change promptement de manœuvre : vérité politique qu'avoit connue M. Locke, qui, lors de l'établissement de sa législation à la Caroline, voulut que ses lois n'eussent de force que pendant un siecle; que, ce temps expiré, elles devinssent nulles, si elles n'étoient de nouveau examinées et confirmées par la nation. Il sentoit qu'un gouvernement guerrier ou commerçant supposoit des lois différentes, et qu'une législation propre à favoriser le commerce et l'industrie pouvoit devenir un jour funeste à cette colonie, si ses voisins venoient à s'aguerrir, et que les circonstances exigeassent que ce peuple fût alors plus militaire que commerçant.

Qu'on fasse aux fausses religions l'application de cette idée de M. Locke, on sera bientôt convaincu de la sottise et de leur inventeur et de leurs sectateurs. Quiconque en effet examine les religions (qui, à l'exception de la nôtre, sont toutes faites de main d'homme) sent qu'elles n'ont jamais été l'ouvrage de l'esprit vaste et profond d'un législateur, mais de l'esprit étroit d'un particulier; qu'en conséquence ces fausses religions n'ont jamais été fondées sur la base des lois et le principe de l'utilité publique; principe toujours invariable, mais qui, pliable dans ses applications à toutes les diverses positions où peut successivement se trouver un peuple, est le seul principe que doivent admettre ceux qui veulent, à l'exemple des Anastase, des Ripperda, des Thamas-Kouli-Kan, et des Gehan-Gir, tracer le plan d'une nouvelle religion, et la rendre utile aux hommes. Si, dans la composition des fausses religions, on eût toujours suivi ce plan, on auroit conservé à ces religions tout ce qu'elles ont d'utile; on n'eût point détruit le tartare ni l'élysée; le législateur en eût toujours fait à son gré des tableaux plus ou moins agréables ou terribles, selon la force plus ou moins grande de son imagination. Ces religions, simplement dépouillées de ce qu'elles ont de nuisible, n'eussent point courbé les esprits sous le joug honteux d'une sotte crédulité; et que de crimes et de superstitions eussent disparu de la terre! On n'eût point vu l'habitant de la grande Java (1), persuadé à la plus légere incommodité que l'heure fatale est venue, se presser

(1) A l'orient de Sumatra.

de rejoindre le dieu de ses peres, implorer la mort, et consentir à la recevoir ; les prêtres eussent vainement voulu lui extorquer un pareil consentement pour l'étrangler ensuite de leurs propres mains et se gorger de sa chair; la Perse n'eût point nourri cette secte abominable de dervis qui demande l'aumône à main armée, qui tue impunément quiconque n'admet point ses principes, qui leva une main homicide sur un sophi, et plongea le poignard dans le sein d'Amurath ; des Romains, aussi superstitieux que des negres (1), n'eussent point réglé leur

(1) Lorsque les guerriers du Congo vont à l'ennemi, s'ils rencontrent dans leur marche un lievre, une corneille, ou quelque autre animal timide, c'est, disent-ils, le génie de l'ennemi qui vient les avertir de sa frayeur; ils le combattent alors avec intrépidité. Mais, s'ils ont

courage sur l'appétit des poulets sacrés ; enfin les religions n'auroient point dans l'Orient fécondé les germes de ces guerres (1) longues et cruelles

entendu le chant du coq à quelque autre heure que l'heure ordinaire, ce chant, disent-ils, est le présage certain d'une défaite, à laquelle ils ne s'exposent jamais. Si le chant du coq est à-la-fois entendu des deux camps, il n'est point de courage qui y tienne, les deux armées se débandent et fuient. Au moment que le sauvage de la nouvelle Orléans marche à l'ennemi avec le plus d'intrépidité, un songe ou l'aboiement d'un chien suffit pour le faire retourner sur ses pas.

(1) Les passions humaines ont quelquefois allumé de semblables guerres dans le sein même du christianisme; mais rien de plus contraire à son esprit, qui est un esprit de désintéressement et de paix ; à sa morale, qui ne respire que la douceur et l'indulgence; à ses maximes, qui pre-

que les Sarrasins firent d'abord aux chrétiens, que, sous les drapeaux des Omar et des Hali, ces mêmes Sarrasins se firent entre eux, et qui sans doute firent inventer la fable dont se servit un prince de l'Indoustan pour réprimer le zele indiscret d'un îman.

Soumets-toi, lui disoit l'iman, à l'ordre du Très-Haut; la terre va recevoir sa sainte loi : la victoire marche par-tout devant Omar. Tu vois l'Arabie, la Perse, la Syrie, l'Asie entiere, subjuguées, l'aigle romaine foulée aux pieds des fideles, et le glaive de la

scrivent par-tout la bienfaisance et la charité; à la spiritualité des objets qu'il présente; à la sublimité de ses motifs; enfin à la grandeur et à la nature des récompenses qu'il propose. (*Note qui ne se trouve ni dans l'édition originale ni dans le manuscrit de l'auteur.*)

terreur remis aux mains de Khaled. A ces signes certains reconnois la vérité de ma religion, et plus encore à la sublimité de l'alcoran, à la simplicité de ses dogmes, à la douceur de notre loi. Notre dieu n'est point un dieu cruel; il s'honore de nos plaisirs. C'est, dit Mahomet, en respirant l'odeur des parfums, en éprouvant les voluptueuses caresses de l'amour, que mon ame s'allume de plus de ferveur, et s'élance plus rapidement vers le ciel. Insecte couronné, lutteras-tu long-temps contre ton dieu? Ouvre les yeux; vois les superstitions et les vices dont ton peuple est infecté : le priveras-tu toujours des lumieres de l'alcoran?

Iman, répondit le prince, il fut un temps où, dans la république des castors comme dans mon empire, on se plaignit de quelques dépôts volés, et même de quelques assassinats : pour prévenir les crimes il suffisoit d'ouvrir quelques dépôts publics, d'élargir les grandes routes, et d'établir quelques maréchaussées. Le sénat des castors étoit prêt à prendre ce parti, quand l'un d'eux, jetant la vue sur l'azur du firmament, s'écria tout-à-coup : Prenons exemple sur l'homme. Il croit ce palais des airs bâti, habité et régi par un être plus puissant que lui ; cet être porte le nom de *Michapour*. Publions ce dogme ; que le peuple des castors s'y soumette. Persuadons-lui qu'un génie est, par l'ordre de ce dieu, mis en sentinelle sur chaque planete ; que de là, contemplant nos actions, il s'occupe à dispenser les biens aux bons et les maux aux méchants : cette croyance reçue, le crime fuira loin de nous. Il se tait : on consulte, on délibere; l'idée plaît par sa nouveauté, on l'adopte; voila la religion établie, et les castors vivant d'abord comme freres. Cependant, bientôt après, il s'éleve une grande controverse. C'est la loutre, disent les uns, c'est le rat musqué, répondent les autres, qui le premier présenta à Michapour les grains de sable dont il forma la terre. La dispute s'échauffe, le peuple se partage; on en vient aux injures, des injures aux coups; le fanatisme sonne la charge. Avant cette religion, il se commettoit quelques vols et quelques assassinats : la guerre civile s'allume, et la moitié de la nation est égorgée. Instruit par cette fable, ne prétends donc pas, ô cruel iman, ajouta ce prince indien, me prouver la vérité et l'utilité d'une religion qui désole l'univers.

Il résulte de ce chapitre que, si le

législateur étoit autorisé, conséquemment aux principes ci-dessus établis, à faire, dans les lois, les coutumes, et les fausses religions, tous les changements qu'exigent les temps et les circonstances, il pourroit tarir la source d'une infinité de maux, et sans doute assurer le repos des peuples, en étendant la durée des empires.

D'ailleurs que de lumieres ces mêmes principes ne répandroient-ils pas sur la morale, en nous faisant appercevoir la dépendance nécessaire qui lie les mœurs aux lois d'un pays, et nous apprenant que la science de la morale n'est autre chose que la science même de la législation ! Qui doute que, plus assidus à cette étude, les moralistes ne pussent alors porter cette science à ce haut degré de perfection que les bons esprits ne peuvent maintenant qu'entrevoir, et peut-être auquel ils n'imaginent pas qu'elle puisse jamais atteindre (1)?

Si, dans presque tous les gouvernements, toutes les lois, incohérentes entre elles, semblent être l'ouvrage

(1) En vain diroit-on que ce grand œuvre d'une excellente législation n'est point celui de la sagesse humaine, que ce projet est une chimère. Je veux qu'une aveugle et longue suite d'évènements, dépendants tous les uns des autres, et dont le premier jour du monde développa le premier germe, soit la cause universelle de tout ce qui a été, est, et sera; en admettant même ce principe, pourquoi, répondrai-je, si dans cette longue chaîne d'évènements sont nécessairement compris les sages et les fous, les lâches et les héros qui ont gouverné le monde, n'y comprendroit-on pas aussi la découverte des vrais principes de la législation, auxquels cette science devra sa perfection, et le monde son bonheur?

du pur hasard, c'est que, guidés par des vues et des intérêts différents, ceux qui les font s'embarrassent peu du rapport de ces lois entre elles. Il en est de la formation de ce corps entier des lois comme de la formation de certaines îles : des paysans veulent vuider leur champ des bois, des pierres, des herbes et des limons inutiles ; pour cet effet ils les jettent dans un fleuve, où je vois ces matériaux, charriés par les courants, s'amonceler autour de quelques roseaux, s'y consolider, et former enfin une terre ferme.

C'est cependant à l'uniformité des vues du législateur, à la dépendance des lois entre elles, que tient leur excellence. Mais, pour établir cette dépendance, il faut pouvoir les rapporter toutes à un principe simple, tel que celui de l'utilité du public, c'est-à-dire du plus grand nombre d'hommes soumis à la même forme de gouvernement; principe dont personne ne connoît toute l'étendue ni la fécondité; principe qui renferme toute la morale et la législation, que beaucoup de gens répetent sans l'entendre, et dont les législateurs mêmes n'ont encore qu'une idée superficielle, du moins si l'on en juge par le malheur de presque tous les peuples de la terre (1).

(1) Dans la plupart des empires de l'Orient, on n'a pas même l'idée du droit public et du droit des gens. Quiconque voudroit éclairer les peuples sur ce point s'exposeroit presque toujours à la fureur des tyrans qui désolent ces malheureuses contrées. Pour violer plus impunément les droits de l'humanité, ils veulent que leurs sujets ignorent ce qu'en qualité d'hommes ils sont en droit d'attendre du prince, et le contrat tacite qui le lie à ses

CHAPITRE XVIII.

De l'Esprit considéré par rapport aux siecles et aux pays divers.

J'ai prouvé que les mêmes actions, successivement utiles et nuisibles dans des siecles et des pays divers, étoient tour-à-tour estimées ou méprisées. Il en est des idées comme des actions. La diversité des intérêts des peuples, et les changements arrivés dans ces mêmes intérêts, produisent des révolutions dans leurs goûts, occasionnent la création ou l'anéantissement subit et total de certains genres d'esprit, et

peuples. Quelque raison qu'à cet égard ces princes apportent de leur conduite, elle ne peut jamais être fondée que sur le desir pervers de tyranniser leurs sujets.

le mépris, injuste ou légitime, mais toujours réciproque, qu'en fait d'esprit les siecles et les pays divers ont toujours les uns pour les autres.

Proposition dont je vais, dans les deux chapitres suivants, prouver la vérité par des exemples.

FIN DU TOME SECOND.

www.ingramcontent.com/pod-product-compliance
Lightning Source LLC
Chambersburg PA
CBHW050648170426
43200CB00008B/1208